DANDO AS CARTAS
NOS NEGÓCIOS

LEO BELLO
DANDO AS CARTAS NOS NEGÓCIOS

1ª edição

CIP-BRASIL. CATALOGAÇÃO NA FONTE
SINDICATO NACIONAL DOS EDITORES DE LIVROS, RJ.

Bello, Leo.

B386   Dando as cartas nos negócios / Bello, Leo. - 1. ed. - Rio de
Janeiro: Best*Seller*, 2014.

Inclui bibliografia
ISBN 978-85-7684-824-0

1. Pôquer. I. Título.

14-10093   CDD: 795.412
CDU: 794.42

Texto revisado segundo o novo Acordo Ortográfico da Língua Portuguesa.

Título original
DANDO AS CARTAS NOS NEGÓCIOS

Copyright © 2014 by Leonardo Soares de Faria Bello

Capa: Igor Campos
Editoração eletrônica: Abreu's System

Todos os direitos reservados. Proibida a reprodução,
no todo ou em parte, sem autorização prévia por escrito da editora,
sejam quais forem os meios empregados.

Direitos exclusivos de publicação reservados pela
EDITORA BEST SELLER LTDA.
Rua Argentina, 171, parte, São Cristóvão
Rio de Janeiro, RJ – 20921-380

Impresso no Brasil

ISBN 978-85-7684-824-0

Seja um leitor preferencial Record.
Cadastre-se e receba informações sobre nossos
lançamentos e nossas promoções.

Atendimento e venda direta ao leitor:
mdireto@record.com.br ou (21) 2585-2002

Dedico esse livro às três mulheres mais importantes da minha vida.
Minha mãe, Rosangela, me ensinou a jogar a vida. Em sua memória.
Meu amor, Louiseana, joga comigo e me ensina a vencer diariamente.
Minha filha, Isabel, o motivo para eu continuar jogando.

Sumário

Prefácio, de Renato Grinberg 9

1 Uma pequena introdução: conhecendo as
regras do jogo 11

2 Embaralhando as cartas e empreendendo 20

3 Aprendendo a jogar poker e a fazer negócios 39

4 Em busca de sonhos e metas 61

5 Poker e as empresas 80

6 Ter seu próprio negócio: saindo da corrida de ratos 86

7 Gerenciando sua própria vida: tempo é dinheiro 102

8 Conhecendo a teoria: preparar-se melhor
que os oponentes 117

9 *Poker face*: lendo pessoas e oportunidades 134

10 Alocando sua banca e escolhendo uma mesa 148

11 Criando valor e diferenciando o bom do
mau negócio 166

12 Construindo sua imagem à mesa: como trabalhar
o marketing pessoal e o da sua marca 183

13 *Winning it all*: ser campeão 197

Prefácio,
de Renato Grinberg

QUANDO RECEBI O convite para escrever o prefácio deste livro, logo me interessei pelo projeto, pois a trajetória de Leo Bello se assemelha muito à minha. Tanto eu como ele mudamos de carreira para atingir "algo maior". Ele começou sua vida como médico, eu como músico, e hoje somos empresários, palestrantes e autores. Nas diversas frentes de trabalho em que atuo, estou sempre buscando maneiras de ajudar as pessoas a atingirem excelência e alto desempenho em suas vidas profissionais e em seus negócios. O trabalho do Leo me mostrou uma nova maneira de agregar valor às pessoas que estejam buscando atingir excelência e alto desempenho em qualquer atividade que se proponham a fazer. Muitos profissionais e empresários perdem tempo precioso lamentando o fato de não terem sorte ou reclamando do governo, do chefe ou da economia do país. Dizem que as oportunidades nunca aparecem para eles e por isso não conseguem progredir em suas carreiras ou fazer prosperar seus negócios. Será que os melhores jogadores de poker são aqueles que têm mais sorte?

Em *Dando as cartas nos negócios*, Leo nos mostra que não é bem assim. Mesmo porque não conheço nenhum ser humano que consiga manipular a sorte. Porém, conheço muitas pessoas que, independente da sorte ou de possíveis condições adversas, encontram maneiras de vencer os desafios e conquistar objetivos cada vez mais altos. Leo Bello vai muito além de simplesmente nos mostrar que o poker não é um jogo de sorte (ou de azar), demonstrando que o sucesso ou o fracasso no mundo dos negócios *também* não é questão de sorte (ou de azar), e sim de uma série de características e habilidades que podem e devem ser desenvolvidas, como, por exemplo, capacidade de planejamento, organização e visão.

Como um jogador amador de poker (mesmo não sendo muito bom, diga-se de passagem), eu pude reconhecer muitos dos ensinamentos do livro que claramente refletem os paralelos do jogo com o mundo dos negócios. Por exemplo: "Quem tem uma mão fraca faz de tudo para que ela pareça mais forte do que realmente é!" Isso é totalmente verdade também no mundo dos negócios. Já estive em diversas reuniões em que empresários ou vendedores tentavam enfeitar demais o negócio que estavam propondo e quase sempre era porque não tinham algo realmente sólido para propor — ou seja, tinham uma "mão fraca". Mas o livro não se atém apenas a fazer as conexões mais evidentes entre o jogo de poker e o mundo dos negócios. A obra mostra um autor maduro e com alta curiosidade intelectual, o que lhe faz pesquisar conteúdos preciosos de alguns dos pensadores mais influentes da atualidade, como Steven D. Levitt e Chris Anderson, além de incluir curiosidades do mundo do poker que são ora divertidas, ora inusitadas.

Aliando-se a tudo isso, a obra oferece ao leitor caminhos claros e diretos para se colocar em prática os ensinamentos propostos. Entre diversos temas relevantes para se atingir sucesso na vida e no mundo dos negócios, Leo menciona até conceitos de gerenciamento de tempo! Por isso, não vou me prolongar mais neste prefácio para que você tenha mais tempo para ler e reler este livro. Se você não está *blefando* em relação ao desejo de ter sucesso, *Dando as cartas nos negócios* lhe será muito útil. Boa leitura!

Renato Grinberg

Consultor, palestrante e autor dos livros *A estratégia do olho de tigre* e *O instinto do sucesso.*

Conheça melhor seu trabalho em www.renatogrinberg.com.br.

1

Uma pequena introdução: conhecendo as regras do jogo

Você tem de aprender as regras do jogo.
E então você tem de jogar melhor que todos os outros.

Albert Einstein

VOCÊ SABE JOGAR poker? Muitos leitores devem estar se perguntando se é necessário conhecer as regras do jogo para ler este livro.

A resposta é simples e direta: não.

Você quer ter sucesso no que faz? Quer ser um vencedor na vida e nos negócios?

Este livro é para você.

Ele não foi escrito para jogadores de poker, mas para quem quer refletir e ampliar o horizonte em relação ao mundo dos negócios e como podemos encontrar maneiras não ortodoxas de estimular nossos talentos e alcançar o sucesso.

No entanto, se ao longo do caminho você quiser aprender mais sobre esse jogo fascinante que mudou minha maneira de enxergar a vida e, em última instância, também o meu modo de vivê-la, recomendo fortemente esta obra. Vale a pena. Se não mudar a sua vida, pelo menos irá ajudá-lo a enxergá-la sob outros pontos de vista.

DICA: *O livro* Aprendendo a jogar poker *apresenta o jogo e introduz suas principais regras e estratégias. Porém, para um estudo ainda mais profundo para aqueles que já conhecem a teoria básica,* Dominando a arte do poker *é uma obra mais indicada. Se quiser uma rápida referência sobre o jogo, recomendo o livro* Poker em 50 lições rápidas e fáceis, *que traz cinquenta capítulos curtos e concisos cobrindo regras e técnicas.*

Desde pequenos, somos educados e doutrinados num modelo que nos prepara para sobreviver na "selva de pedra" da vida adulta. Sobreviver não significa necessariamente desenvolver-se ou evoluir.

Esse modelo preconiza que devemos estudar, nos formar em boas faculdades, aprender o que é ensinado por roteiros pouco flexíveis para, assim, conseguirmos bons empregos que garantam a segurança necessária para pagarmos contas mensais, gerarmos e gerirmos família e pouparmos para uma aposentadoria decente.

Pode funcionar para a maioria. Para a média da população. Mas é suficiente para você?

Costumo dizer que a vida é agora. Não ontem, nem amanhã. Tenho de aproveitar ao máximo a experiência de estar vivo. Se quero segurança, conforto e saúde, preciso pagar um preço por isso. E a moeda de troca é o meu suor e a minha dedicação.

Claro que essa é uma generalização, pois sempre há a opção de tomar as rédeas de sua vida e tentar seguir outro caminho mudando alguns passos. Criar seu próprio negócio pode ser uma forma de fugir desse arquétipo. Porém, a grande massa não pode escapar do "modelo", ou, de outro modo, não haveria quem trabalhasse nos negócios que todos tentam criar.

Toda sociedade é estruturada com base na diversidade de papéis, que podem ser preenchidos por pessoas com perfis diferentes. Existe o empreendedor, o executivo/trabalhador qualificado e a mão de obra menos qualificada. Os três são necessários para o desenvolvimento da economia e da sociedade.

Por que, hoje em dia, fala-se tanto em ter o próprio negócio, quando fazer parte de uma grande organização dá muito mais estabilidade e menos trabalho?

Ser assalariado proporciona a tranquilidade para planejar. Além disso, há várias garantias e benefícios caso você fique desempregado ou doente e tenha de se afastar. Por outro lado, dificilmente você conseguirá independência financeira.

Qual é a vantagem de correr riscos, apostar na vida, quando existe um caminho mais sólido?

Essa pergunta ficou martelando em minha cabeça por anos a fio.

Acordando para a realidade

Cresci dentro do modelo tradicional. Apesar de ter pais que, em determinado momento, buscaram sua trajetória como empresários, passei por todos os estágios para ter uma vida segura de acordo com os moldes mais convencionais de educação.

Formei-me em medicina na UFRJ, com especialidade em imunologia pediátrica, cumpri a residência médica, cheguei a fazer uma pós-graduação na Alemanha e mestrado na Unicamp.

Como todo médico, tinha salário acima da média da população brasileira, contanto que trabalhasse muitas horas, fizesse plantões noturnos e me esforçasse para ser um bom profissional. E, para falar a verdade, após um tempo percebi que muitos nem precisavam se esforçar tanto assim para manter seus empregos.

Minha frustração foi crescendo a partir do momento em que constatei que havia um limite até onde eu podia chegar. Por mais que me esforçasse para ser um trabalhador diferenciado, sempre estudando e atualizando meus conhecimentos, procurando ser um profissional humano e atencioso e com dedicação máxima para me destacar entre os colegas, havia um limite. Como funcionário, minha remuneração era condicionada ao que eu podia fazer com meu trabalho *individual*. O pagamento mensal, na forma de salário, dependia do número de horas que eu dedicava ao trabalho e do quanto meu empregador achava que essas horas valiam. Ganhar mais era simplesmente uma questão de conseguir fazer mais consultas em menos tempo, ou ainda descobrir horas vagas nos meus momentos de lazer e dedicá-las ao trabalho.

Tinha sonhos, como todos temos, mas eles pareciam irreais e inalcançáveis: ter um hospital; ser dono de um teatro.

É verdade que também possuía alguns outros sonhos mais simples, como trocar de carro ou ter casa própria. Tenho certeza de que aspirações semelhantes já passaram pela sua cabeça.

Porém, mesmo para esses sonhos menores, há um preço caro a ser pago: o endividamento. Prestações do carro e da casa em financiamentos que podem consumir anos. Comprometimento de grande parte do salário. Trabalho árduo, para pagar as contas e as prestações já assumidas. Os sonhos passam a se tornar, então, verdadeiros pesadelos, em função das novas prestações e dos créditos cada vez maiores.

Essa é a realidade que se apresenta para a grande maioria dos assalariados.

Mudei de sonhos.

Entrando no jogo

Não foi num dia específico, mas aos poucos coloquei na cabeça que, para mudar de vida, eu tinha de dar as cartas.

Dar as cartas na minha vida e escolher como jogá-las. Sem ainda saber, eu já queria ser um *poker player*. Competir comigo mesmo e com a sociedade por um lugar melhor. Apostar em mim e nos meus jogos. Ter plena consciência do potencial que tinha na mão e jogar agressivamente.

Dar as cartas na vida significava aprender mais sobre o mundo dos negócios, das relações. Abrir os olhos para oportunidades, ser criativo e usar a intuição. A vida é um jogo, e você tem de aprender a jogar até sem cartas boas. Como no poker.

UMA PEQUENA INTRODUÇÃO   15

O poker me ensinou que ganhar quando recebemos cartas boas é muito fácil. Difícil é fazer o seu jogo, ser vencedor independentemente das cartas que recebe, usando outros recursos além de providência divina e sorte. O desafio é trabalhar nas dificuldades e fazer a melhor receita para sua vida com os ingredientes ao seu alcance.

Mais difícil ainda é traçar uma estratégia, estar pronto para se adaptar às mudanças e entender que, apesar de o objetivo ser individual, você não joga sozinho. Por isso, é preciso aprender a ler seu ambiente, conhecer seus oponentes e descobrir meios para alcançar seus objetivos.

A vida de negócios inclui leitura de pessoas, tomada de decisões, assumir riscos calculados, criar uma forte imagem pessoal e manter seus "ases" na manga. É preciso também saber quando entrar com tudo ou quando fugir de uma aposta, ser ético, administrar suas finanças e vender sua mão da maneira mais rentável possível. Exatamente o que o poker ensina.

Algumas perguntas passaram a ser essenciais:

◆ Como transformar as lições do poker e da vida em chaves para o sucesso profissional?

◆ Como um jogo pode contribuir para o crescimento pessoal?

◆ O aprendizado que tiramos das mesas pode ter valor aditivo àquele formal, recebido nas universidades e nos cursos de pós-graduação?

Sucesso é a meta. Vencer é o objetivo. Mas como começar a jogar?

Em 2003, comecei a praticar poker como jogador. Inicialmente meus desafios foram individuais: aprender o jogo e ter resultados positivos. Ou seja, me preocupava em ser lucrativo como jogador. Estudei e pratiquei bastante. E o lucro começou a aparecer. Não seria sempre assim, mas o bom início foi estimulante.

Em seguida, o poker foi uma ferramenta social. Permitiu que eu conhecesse outros jogadores, pessoas com um interesse comum, mas com *backgrounds* diferentes. Ampliei meus horizontes para além dos hospitais e das pessoas que trabalhavam na área de saúde. Quando estamos envolvidos com uma profissão, tendemos a nos fechar em um círculo de pessoas com interesses e temas em comum.

O que parece, a princípio, benéfico para sua evolução na carreira, pode aos poucos, se tornar um limitador para a sua vida.

É importante abrir o leque. Fui fazendo novas amizades e captando novas influências. Comecei a ficar atento a novas tendências e oportunidades.

Começamos, Leandro "Brasa" e eu, meio que por hobby, a realizar o Circuito Paulista, que mais tarde se firmou como o campeonato estadual de São Paulo. Do quintal de uma casa para o maior clube de poker do país. Um celeiro na formação de campeões.

Em 2005, abri minha primeira empresa para organizar eventos. Criamos o Campeonato Brasileiro de Poker, o BSOP.

Em 2006, obtive meu primeiro grande título. Sagrei-me campeão paulista de poker e logo em seguida tive meu primeiro título internacional em uma viagem a Las Vegas (um torneio da série Wynn Classic). Jogando poker, já ganhava mais do que como médico.

Em 2007, lancei meu primeiro livro, *Aprendendo a jogar poker*, que é até hoje a obra mais vendida sobre o assunto no Brasil.

Nesse momento meu leque já estava aberto. Além de médico, era empresário, escritor e jogador profissional de poker, e minha cabeça não parava de pensar em novas oportunidades. Queria fazer do poker uma realidade no Brasil. Fazer o jogo se popularizar e ser respeitado como jogo de habilidade.

Nos anos seguintes, novas empresas e empreendimentos foram se juntando às minhas atividades, e, em 2009, abandonei a medicina como profissão.

UMA PEQUENA INTRODUÇÃO

Tenho flexibilidade para viajar, faço meus horários e uma das empresas que criei realiza o maior torneio de poker da América Latina, o BSOP.

Possuo negócios em diversas áreas dentro do poker e consegui desenvolver uma das minhas maiores paixões, que é lecionar e palestrar para grupos e empresas sobre as mudanças que o poker trouxe para minha vida.

Nada mais de plantões intermináveis e jornadas loucas de até 48 horas de trabalho sem descanso. Escolho a hora de acordar e de ir dormir. Posso fechar minha agenda e viajar para Las Vegas ou simplesmente ficar em casa curtindo minha família quando assim desejo.

Meus sócios e ex-sócios são grandes amigos e pessoas de quem sou fã. Mais do que isso, formamos equipes de trabalho. Uma força produtiva imensa. Sem eles, não teríamos liderado o segmento que escolhemos abraçar.

Sou conhecido na comunidade do poker pelos livros que escrevi e pelo pioneirismo no esporte, nem tanto pelo meu talento como jogador profissional, mas por ter sido uma pessoa que enxergou oportunidades e as transformou em realidade.

Em 2010, junto com Leandro "Brasa" e Sergio Braga, iniciei um projeto de treinamento para jogadores chamado Superpoker Training. Como sempre gostei de dar aulas e palestras, continuei tocando esse projeto individualmente com a Leo Bello Poker Training. Passei a ministrar cursos por todo o país para turmas de cinco a cinquenta alunos.

Também passei a dar aulas individuais remotas pela internet, conhecidas como *coaching*, em que trabalho o lado técnico de jogadores para melhorar seus rendimentos e lucratividade. Esse trabalho é extremamente selecionado e caro, pois para ser vencedor no poker é necessário um grande investimento pessoal, não só financeiro, mas também de dedicação. Os grandes vencedores são pessoas que dedicam tempo ao estudo e à prática diária, com muita disciplina.

Em 2011, lancei uma rede social de poker no endereço www.aprendendopoker.com.br. E depois, a transformei em um centro de treinamentos e cursos com videoaulas e artigos.

No final do ano de 2011, acabei vendendo minha parte na Nutzz Eventos e iniciei uma nova empresa no ramo de tecnologia, a AcexGames, sem deixar de investir na área do poker, mas procurando uma nova área em crescimento, a dos jogos sociais e aplicativos.

Tornei-me sócio do conhecido jogador de futebol, Petkovic, e com ele, toquei a Deki10 Eventos, que trouxe em 2012, o tenista número 1 do mundo, Novak Djokovic para jogar no Brasil contra Guga Kuerten no Maracanãzinho. Em paralelo, a Deki10 administrou a primeira escola de tênis em uma comunidade pacificada, a Rocinha, no Rio de Janeiro. Um projeto social que ajudou mais de 500 crianças ao longo de um ano, realizando 15.000 atendimentos e inserindo o esporte para o desenvolvimento ético e psicomotor desses jovens. Esse projeto recebeu o prémio AMPRO em 2013, como o mais importante projeto com legado social no país.

Fui o primeiro profissional brasileiro a ter um site e blog pessoais, em 2007. Meu site, reformulado em 2013 (http://leobello.com.br) possui conteúdo gratuito para quem está começando no esporte e, também, artigos meus com visões sobre neurociência, psicologia e negócios, onde alio as experiências adquiridas em todas as áreas que estudei e me desenvolvi.

Além disso, também viajo pelo país fazendo palestras para empresas e ensinando como o poker pode ajudar a desenvolver uma equipe e ser benéfico para o crescimento empresarial. Praticamente todas as áreas de negócios podem aprender com as técnicas que um jogador de poker usa para ler e vencer seus adversários.

Jogo para vencer. E jogo agressivamente, como o poker me ensinou. O mundo dos negócios é extremamente competitivo e sabemos que apenas os melhores são verdadeiros vencedores. Muitos falam a respeito de sobreviver ao mercado. Eu não acredito em sobrevivência — acredito em crescimento, em liderança e em vitórias.

Claro que, em certos momentos, também tive de proteger minhas fichas e recuar em apostas. Perdi algumas apostas que fiz. Mas usando estratégias de longo prazo, continuei em frente. No poker aprendemos que não precisamos ganhar todas as mãos. Mais ainda, é impossível ga-

UMA PEQUENA INTRODUÇÃO

nhar todas as mãos, por isso o foco deve estar em vencer a guerra, e não apenas batalhas individuais.

O processo de aprendizado foi duro e cruel em alguns momentos, mas as vitórias foram maiores e mais intensas. É uma história de perdas e ganhos. E, como numa partida de poker, o importante é o resultado de longo prazo, o crescimento e a vitória pessoal.

Apesar de ter neste capítulo um breve relato das minhas realizações, esse livro não tem o objetivo de mostrar o que eu fiz, e sim, ensinar como você pode transformar sua vida. Como pode usar o poker como uma ferramenta de aprimoramento pessoal, mesmo que não saiba jogá-lo.

O poker é um jogo social praticado por líderes no mundo todo e que ganha espaço a cada dia no Brasil. É utilizado para desenvolver o raciocínio analítico e a tomada de decisões sob pressão.

Neste livro, você aprenderá as lições para ser um jogador bem-sucedido. Qual o diferencial dos vencedores? Como os paralelos de um jogo com a vida de negócios podem ajudar no seu desenvolvimento. Agora vou contar como podemos dar as cartas de nossa vida e alcançar o sucesso.

2

Embaralhando as cartas e empreendendo

Se não é para ser, primo, então paciência e reembaralhe as cartas.

Miguel de Cervantes, *Dom Quixote*

NÃO É NECESSÁRIO ser um gênio para começar a jogar. Você precisa aprender certas regras, que são simples de se assimilar.

Quem não consegue aprender um jogo cujas regras são fáceis e estão em manuais?

O mais impressionante foi descobrir que esse jogo fácil e simples, rápido e dinâmico, despretensioso até, foi a mola mestra para a grande virada em minha vida.

Quem não se pega pensando no momento em que percebe que a vida entrou num caminho que traz uma sensação de realização e de sentido?

Esse momento já chegou? Você é feliz com o rumo da sua vida? Está completo?

E, o principal, como separar o que tem significado para o mundo externo do que é realmente importante para você?

Em um determinado momento da minha vida, quem olhasse de fora, poderia achar que eu tinha tudo perfeitamente esquematizado. Uma carreira de médico, orgulho da família, rotinas e muita previsibilidade.

EMBARALHANDO AS CARTAS E EMPREENDENDO 21

Se alguém pudesse dar uma olhada para um futuro curto, de menos de uma década, ficaria surpreso com a transformação. A vida embaralhou as cartas e um novo jogo se abriu a minha frente.

O poker me reposicionou para a direção que todos deveríamos almejar: a do crescimento.

A grande lição é que não somos tão bons em previsões. Temos que nos preparar para mudanças. Elas podem acontecer das maneiras mais inusitadas. E você tem, então, que estar pronto para as transformações.

Empresários e o poker

Vamos entrar por um momento na mente de grandes empresários e em como eles enxergam a vida.

Donald Trump, que não por um acaso também é apreciador do poker, disse que um bom empresário pensa mais em como criar riquezas do que em apenas fazer dinheiro. E, claro, acha que todo bom homem de negócios deve pensar grande.

Trump, além de megaempresário, acabou se tornando um guru para as novas gerações. Em 2011, ele foi a 17ª celebridade mais influente em uma lista elaborada pela *Forbes* (30º em 2013). Seu trabalho inclui livros nos quais expõe vários de seus pensamentos sobre como abordar negócios e crescer profissionalmente. Um de meus favoritos é *Nós queremos que você fique rico*, que escreveu junto com Robert Kiyosaki, um dos autores de *Pai rico, pai pobre*.

Interessante notar que algumas das maiores lições que Trump me passa estão bem-relacionadas ao poker: os blefes.

Quando fala sobre seus negócios, ele consegue nos convencer de que tem um jogo sólido, mas que, na verdade, muitas vezes não é tão forte assim. Essa é uma característica essencial para um bom empresário, saber vender seu peixe para atrair investidores e consumidores. Não é apenas questão de acreditar no seu negócio, e sim, de saber como fazer com que outros comprem a sua ideia, e invistam nela (seja financeiramente ou com trabalho).

Trump é mestre no marketing pessoal e no *branding*. Seu nome está associado não apenas aos empreendimentos imobiliários em endereços nobres dos Estados Unidos, como Nova York, Chicago e Las Vegas (mais de trinta levam a sua marca), mas também a restaurantes, agências de viagens, linhas de roupas e até perfumes. Seus negócios continuam se expandindo mesmo com a declaração de falência do Trump Entertainment Resorts, que controlava seus três cassinos.

O BLEFE DO BILIONÁRIO: *Recentemente, assistimos de perto um grande blefe nos negócios. Hipervalorizando o potencial de produção de suas empresas, Eike Batista conseguiu financiamento, investidores de todo o mundo e virou bilionário. Com o blefe revelado e as cartas expostas é novamente milionário.*

Ostentando um estilo de vida extravagante e dado a aparições midiáticas, Trump fez com que as gerações mais novas o conhecessem através do programa *The Apprentice* (*O aprendiz*), um reality show em que candidatos disputam a chance de ser seu aprendiz, ganhando sociedade num de seus empreendimentos.

A cada episódio, os participantes têm de resolver tarefas para alguma empresa. Essas tarefas vão desde criar campanhas publicitárias até trabalhar as vendas de um produto, sempre colocando duas equipes em disputa. A que fizer o melhor trabalho continua no programa. A equipe perdedora tem um de seus membros demitido, até que só restem dois jogadores, que batalham pelo tão sonhado cargo.

Com sua participação no programa, que coproduz, Trump engordou ainda mais sua conta bancária. Por cada episódio recebe três milhões de dólares, o que faz dele um dos artistas mais bem-pagos da televisão americana.

Por que o blefe? Trump é um blefador também por ser um personagem de si mesmo. Além de ser um megaempresário que de maneira caricata mostra como um homem de negócios deve agir, ele é um *poker player* que hipervaloriza suas mãos fracas, mas que na hora certa apresenta jogos fortes que o mantêm no topo como vencedor. O truque de um bom joga-

EMBARALHANDO AS CARTAS E EMPREENDENDO 23

dor de poker é muitas vezes saber blefar em potes menores, mas apostar tudo quando o jogo é vencedor, e, assim, ir ganhando grandes mãos.

Uma edição do programa de Donald Trump me interessou particularmente. *Celebrity Apprentice* foi formada apenas por celebridades, que doavam seus ganhos a cada semana para uma instituição assistencial (hospital, caridade, ONGs...). Entre os participantes estava uma das mais famosas jogadoras de poker dos Estados Unidos: Annie Duke.

Mãe de quatro filhos e profissional de poker há mais de trinta anos, Annie escreveu um livro chamado *How I Raised, Folded, Flirted, Bluffed, cursed and Won Millions at the World Series of Poker*, ou, literalmente, "Como apostei, larguei mãos, flertei, blefei, xinguei e ganhei milhões no campeonato mundial de poker". Esse livro já foi publicado em português sob um título bem menos pitoresco, mas ainda chamativo: *Como ganhei milhões jogando poker no WSOP*. Nele, Annie conta como venceu o campeonato mundial, alternando capítulos sobre sua vida pessoal e outros sobre o torneio da modalidade Omaha.

No programa de Donald Trump, sua jornada foi marcante. Deixou alguns inimigos pelo caminho e uma legião de fãs que a cada semana torciam por ela. Annie conquistou mais provas que qualquer outro participante e chegou a uma final, que devido à enorme audiência foi ao ar ao vivo na TV americana.

Aqui vale uma ressalva importante: no mercado de trabalho de hoje em dia não há mais espaço para sexismo. Homens e mulheres demonstram capacidades de liderança e empreendedorismo de igual qualidade. O termo "homens de negócios" deveria inclusive ser trocado por "pessoas de negócios".

Annie liderou sua equipe e travou uma batalha épica com Joan Rivers, atriz, comediante e apresentadora que se tornou ícone da televisão americana. Infelizmente, Annie ficou em segundo lugar.

E por que estou dando esses exemplos? Bem, Duke é uma personalidade interessante para ser citada neste livro, pois participa de outras histórias bastante relevantes que serão contadas aqui, mais adiante.

Annie Duke não é uma unanimidade na comunidade internacional do poker. Alguns jogadores profissionais famosos reclamam de sua ética nos negócios. Seu irmão Howard Lederer era um dos donos do Full Tilt Poker, o segundo maior site de poker on-line do mundo em 2010, quando foi fechado pelo governo americano e perdeu sua licença de funcionamento. Especula-se que o Full Tilt deva mais de duzentos milhões de dólares a jogadores de todo o globo devido à má administração e ao desvio de dinheiro para executivos. Duke não tem nenhuma relação com o Full Tilt, mas com certeza o episódio com a empresa do irmão ajudou a macular sua imagem.

Voltando a Donald Trump, ele é conhecido por seu estilo agressivo e direto, e por não fazer negócios pequenos.

Algumas das lições que aprendi em seus livros, somadas a paralelos com o poker:

> *NEGÓCIOS:* Não entrar em empreendimentos cujos conceitos não domine.

> *POKER:* Não jogar modalidades em que você não conheça a técnica e as estratégias.

> *NEGÓCIOS:* O verdadeiro prazer pode estar em criar novos negócios, ideias originais e melhores maneiras de fazer acontecer, e não simplesmente em acumular moeda; porém, é claro que o dinheiro é importante e muitas vezes é a medida de seu sucesso.

> *POKER:* O resultado de uma mão não é o mais importante, mas se você descobriu a melhor forma de jogá-la. O jogo se torna mais interessante quando você domina as variáveis e consegue adotar a melhor linha de ação.

> *NEGÓCIOS:* O mais excitante e estimulante é jogar o jogo, fechar o negócio, ter a visão e realizar os sonhos. Ser visionário, planejar e executar.

> *POKER:* Nada como participar de um torneio que você desejava.

NEGÓCIOS: Foco e disciplina são hábitos é podem ser aprendidos.

POKER: No poker é importante prestar atenção não só quando você está envolvido na mão, mas também em todas as ações dos outros jogadores. Foco ao longo de todo o torneio e disciplina para anotar tudo mentalmente.

NEGÓCIOS: Medo, preocupações e indecisão destroem o foco. Tome o controle da sua vida e conquiste seus medos, boicote os pensamentos negativos e comece a agir sem nunca perder seus objetivos de vista.

POKER: Ter um bom controle emocional à mesa é fundamental. O poker te coloca à prova sob pressão a cada momento e você deve tomar suas decisões demonstrando firmeza.

NEGÓCIOS: O sucesso nunca será fácil. Sempre leve o trabalho a sério e não pense que manter o foco significa ser inflexível.

POKER: Não existe apenas uma jogada correta no poker, e é preciso estudar muito para conhecer as variáveis.

NEGÓCIOS: Grandes pensadores andam juntos. Procure pessoas tão boas ou melhores do que você para se relacionar e fazer negócios. Somos produtos do meio em que vivemos. Vá onde as grandes ideias e pensamentos estão. Amplie seus horizontes.

POKER: Para evoluir no poker é preciso jogar contra adversários melhores do que você e se colocar em desafio.

NEGÓCIOS: Confie em si mesmo. Você é o que pensa e o que deseja ser. Dê credibilidade às suas habilidades. Imagine-se no topo, e também pense em como fará para chegar lá.

POKER: O fato de o poker ser um esporte individual faz com que, para se tornar um vencedor, você tenha que confiar no seu jogo, estabelecer metas e buscar a vitória.

NEGÓCIOS: Cada sucesso é o início do seguinte. Esse é um dos melhores pensamentos. O empreendedor deve ser automotivado e naturalmente curioso. Saber a hora de passar para o próximo negócio e nunca se acomodar é fundamental — a acomodação é o pior inimigo do sucesso.

POKER: Os jogadores de poker começam jogando *stakes* baixos, ou seja, torneios baratos e mais acessíveis. Com o tempo, começam a se aventurar em *buy-ins* maiores, para poder obter prêmios também maiores. Evoluir é ir aumentando a dificuldade aos poucos e passar para novos desafios.

NEGÓCIOS: Lidar com os instintos como uma habilidade adquirida. Mais uma vez o poker encontra os princípios para um bom empresário. Não basta usar a racionalidade, é necessário ter uma boa intuição e aprender a seguir os instintos.

POKER: Em uma mesa de poker, treinamos a nossa percepção e aprendemos a ouvir nossa voz interior. E, para a nossa surpresa, muitas vezes contrariando a razão, ela está completamente certa.

O que é ser um empreendedor?

Buscando definir de forma ampla o que é ser um empreendedor, cheguei a uma conclusão fundamental: muitos têm ideias, outros, capital; mas capacidade de projetar e organizar é algo que só existe em alguns.

O empreendedor é aquele que reúne o conjunto de características que o leva desde a fase de ter o *insight* até o momento em que consegue torná-lo realidade.

Se você tem criatividade, não basta apresentá-la a alguém com capital. O empreendedor tem que saber como transformar a ideia em produto.

Ao longo de minha história como empresário, várias boas ideias me foram apresentadas. Mas poucas vezes alguém chegou até mim dizendo que, além da ideia, tinha também um plano de ação e execução.

Em minha empresa de organização de eventos, era comum ouvir alguém dizer:

— Tenho um negócio fabuloso em mãos.

E eu incentivava a pessoa, pedindo-lhe que falasse mais a respeito.

— Tenho um local estupendo para você realizar um torneio.

Eu respondia:

— Que ótimo! E qual é o negócio que você quer propor?

A resposta vinha sempre na mesma linha:

— Eu cedo o local e você pode fazer um evento grandioso, e rachamos os lucros meio a meio.

OBSERVAÇÃO: *Atenção à repetição proposital dos adjetivos que superlativam os substantivos (fabuloso, estupendo, grandioso). Quando alguém tenta lhe vender um negócio hiperestimando suas vantagens e tentando "enfeitar o pavão", desconfie. Esse é mais um princípio que aprendi no poker: quem tem uma mão fraca faz de tudo para que ela pareça mais forte do que realmente é!*

Minha resposta, então, vinha desta forma:

— Excelente! Gostei. Você me dá o local. Em seguida, crio o torneio, uso minha marca e o nome da minha empresa, faço o trabalho de divulgação, inscrições, organizo o evento, trago o equipamento e a equipe, uso meu *know-how* e estrutura, faço a realização do início ao fim, recebo os jogadores, controlo o torneio de acordo com normas internacionais, pago as premiações e, no fim, dou a você metade do que arrecadar? Onde eu assino esse "negócio da China"?

CURIOSIDADE: *O termo "negócio da China" tem origem no século XV, nas trocas comerciais entre o Oriente e Ocidente, por meio de rotas terrestres e marítimas, que buscavam especiarias oriundas daquela região. Até a expansão marítimo-comercial do início dos tempos modernos, as sedas, temperos, ervas, óleos e perfumes orientais eram o grande "negócio da China" para os mercadores europeus, que com esses itens conseguiam obter lucros de até 6.000%. Isso sem falar que, no século XIX, a Inglaterra, de olho no mercado consumidor chinês e também na sua força de trabalho, travou uma série de conflitos que ficaram conhecidos como as Guerras do Ópio (1839-1860). Vitoriosos, os ingleses conseguiram estabelecer diversos acordos de monopólios comerciais e ainda receberam a concessão de Hong Kong.*
Ainda hoje, a expressão é utilizada quando alguém obtém algum tipo de acordo bastante vantajoso.

Mas, voltando às propostas de negócios, quando recebo pessoas com ideias que naquele momento podem não parecer viáveis, faço questão de ouvi-las até o final. Elas podem ser úteis mais para a frente. Basta que se enxergue uma maneira de desenvolver todo o projeto e de visualizar o sucesso.

A experiência com a empresa de tecnologia ajudou ainda mais a reforçar esse conceito. A empresa foi criada tendo em vista um projeto de um jogo social. Com o tempo, novos projetos foram adicionados e, em um certo momento, se tornaram o foco da empresa. Incubaram-se ideias. Para a grande maioria dos empreendedores a falta de foco é um grande problema, que impede o crescimento do seu negócio. Mas por outro lado, manter a cabeça fechada a mudanças é também prejudicial. No meio das "startups" (como são chamadas as empresas de tecnologia ainda em fase embrionária, que começam com pequenas estruturas e apenas um punhado de ideias) existe um termo para uma mudança no caminho planejado: pivotar.

Fazer um pivot, é mudar os conceitos sobre um determinado projeto ou produto, devido a resposta encontrada no mercado. Mudança de estratégia.

O Twitter, que hoje é uma das maiores empresas do mundo, avaliada em mais de um bilhão de dólares, começou como um projeto paralelo dentro de uma empresa de tecnologia. O produto principal da Odeo era uma plataforma para áudio-blogs, os chamados podcasts. A Odeo foi criada por Evan "Ev" Williams e Jack Dorsey. Ev tinha ficado conhecido no meio de tecnologia por ter criado o Blogger (primeira plataforma para que qualquer usuário pudesse publicar um blog na internet com apenas alguns cliques). Quando o Blogger foi comprado pelo Google, Ev se tornou milionário da noite para o dia. Tempos depois, resolveu investir no projeto do seu amigo Jack Dorsey, e criou a Odeo.

A ideia de Dorsey era fazer da Odeo o paraíso dos áudio-bloggers. Imaginava que se o Blogger fez tanto sucesso com texto, as pessoas adotariam a plataforma de podcasts e sua facilidade de criar com áudio em vez de texto.

A empresa recebeu mais de cinco milhões de dólares em investimentos e durante quase três anos patinou sem conseguir sair do lugar. Os próprios funcionários não utilizavam a plataforma. Ninguém se interessava pelo produto. E o maior baque para a empresa veio quando Steve Jobs lançou o Iphone e acrescentou podcasts ao Itunes, tornando praticamente obsoleto o produto da Odeo, antes mesmo de vir a público.

Mas foi dentro dos escritórios da Odeo, que surgiu a ideia de um microblog. O próprio Jack Dorsey propôs a Ev e a um outro sócio, Christopher Isaac "Biz" Stone, trabalhar no projeto de um microblog que poderia ser atualizado por mensagens de texto de um celular qualquer. Ev disse que Jack poderia trabalhar num protótipo no seu tempo livre. E assim nasceu o Twitter. Uma ideia paralela em uma empresa. Um negócio de bilhões de dólares.

Ter uma ideia ou, ainda, um elemento da cadeia produtiva não o torna um empreendedor. Você tem de estar preparado para participar de todos os elos para fazer a diferença.

> *Empreender é ser completo. Ter a visão de toda a cadeia e saber onde procurar as peças para fazer a engrenagem funcionar.*

Em 2011, a revista *FHOX* criou um concurso para premiar um fotógrafo empreendedor. O vencedor seria aquele que, além de saber fotografar, soubesse administrar, fazer seu marketing pessoal, trabalhar seus produtos com excelência e divulgá-los. O slogan do concurso se encaixa com a definição que dei para empreendedor:

> **"EU SOU COMPLETO. NÃO SOU APENAS BOM FOTÓGRAFO, EU SOU COMPLETO."**

E, como empreendedor, esse deve ser seu pensamento: ser completo. Mais uma vez me lembro do poker. Não tenho ambições de ser o melhor jogador do mundo, aliás, nem mesmo do clube que frequento. Tenho até dificuldades em apontar quem é o melhor, já que existem diversos parâmetros para se analisar em um jogador. O poker mostra que existem diversos níveis de vitórias. Você pode ser vitorioso ao ganhar uma única mão, conquistar um torneio ou fazer uma leitura correta de um blefe de um adversário. A endorfina está lá, circulando em seu sistema, com as pequenas e significativas vitórias.

> **CURIOSIDADE:** *A endorfina é um neurotransmissor produzido na hipófise e armazenado nas vesículas sinápticas. Relaxa e dá prazer, causando a sensação de bem-estar e euforia, aumenta a resistência, pois melhora o sistema imunológico, combate os radicais livres, diminui a produção dos hormônios do estresse e melhora a memória. Para liberá-la, basta praticar exercícios. Quanto maior a intensidade, maior a quantidade de endorfinas liberadas.*
>
> *Outros neurotransmissores associados ao prazer e bem-estar como a serotonina e a dopamina podem ser liberados na corrente sanguínea com o consumo de alimentos como chocolate, café e gorduras e com a prática de sexo.*

EMBARALHANDO AS CARTAS E EMPREENDENDO

O comodismo e a preguiça são os grandes inimigos dos vencedores. Para entender como o poker me impulsionou a realizar tanto nos negócios e abriu minha cabeça para oportunidades e riscos, temos de ter sempre em mente que vencer deve ser o objetivo.

Não podemos esquecer também que nada vem fácil. Desde o início da minha história com o poker, muita água rolou. Existe uma correlação clara entre trabalho duro e sucesso.

E, no poker, existe uma falsa noção de que ganhar é fácil e acontece por acaso. Para quem está de fora, parece que é fácil ganhar fortunas jogando poker, assim como ao ver uma ideia de negócio que virou um sucesso, é fácil comentar como qualquer um poderia ter desenvolvido aquele produto. Não é tão fácil quanto parece. A maioria dos empreendedores adquirem experiência enquanto fazem, é verdade, mas muitas vezes o sucesso não vem na primeira tentativa.

Todos os jogadores vencedores de longa data que conheço são extremamente dedicados a estudar e a se aprimorar no jogo. E não conheço empresário bem-sucedido que não tenha, em algum ponto da vida, trabalhado muito duro para o seu negócio.

Aliás, não conheço nenhuma atividade em que você consiga ser um vencedor frequente sem ter investido no seu preparo.

Esse processo acontece com os jogadores de poker.

Pensar e repensar estratégias. Analisar, dentro das opções, qual o melhor caminho a ser tomado.

O caminho para se tornar um campeão de poker inclui muitas horas de jogo. Prática intensa e estudo. Costumo falar que aprendi a estudar somente depois que aprendi a jogar poker, muito embora tenha passado por uma faculdade de medicina. O modelo tradicional de ensino faz com que o aluno aprenda a fazer provas e conseguir as notas necessárias para aprovação. A vida real mostra que passar na média não o torna um vencedor. Nos negócios e preciso ser o melhor.

São longas as discussões sobre o modelo de ensino focado em resultados medianos. Pense bem, como um estudante de medicina que levou nota 6, suficiente para aprovação, em uma prova de ressuscitação cardíaca vai estar apto a receber um paciente infartando? O mesmo se aplica a diversas profissões, como engenheiros que precisam levantar prédios ou projetar aviões.

Somente com o poker comecei a ter o hábito de ler um livro, fazer anotações, colocar em prática o que aprendi e retornar ao livro depois para reler o trecho. Fazia resumos e discutia com amigos as técnicas que aprendia. E voltava para mais trabalho de campo, jogando. Somente as muitas horas de prática sobre o assunto, conseguem torná-lo um especialista.

DICA: *Desenvolver um método para se especializar no assunto. Estudar e praticar. Voltar e fazer novamente. Repetir até aprender e então avançar.*

Empreender passa a ser uma soma de ter as ideias, se debruçar sobre elas e trabalhar até atingir a excelência. Colocar em prática e vivenciar o desenvolvimento. Assim, nasce um empreendedor completo.

O pensamento avançado: *metagame*

Existe uma parte do jogo de poker conhecida como *metagame*. Para tentar explicar de modo resumido, seria entender o jogo pelo ponto de vista do adversário.

No processo de aprendizado do poker, um jogador vai progressivamente desenvolvendo seu raciocínio até chegar ao ponto de entender o significado e a importância do *metagame*. Nós chamamos de níveis de pensamento. O mesmo processo pode ser aplicado aos negócios, onde começamos com uma visão mais simplista do que significa ser empreendedor e das dificuldades que encontraremos e, aos poucos, vamos aprofundando nossos níveis de pensamento e entendendo como o nosso negócio se relaciona com o mercado e com os consumidores.

A progressão é mais ou menos assim:

1. Aprendemos a jogar nosso jogo, a força de nossas cartas. Analisamos a mão que conseguimos fazer e apostamos nossas fichas na esperança de que nosso jogo seja melhor que o do adversário. Nessa fase, o que importa é jogar pensando que nosso jogo é o melhor.

EMBARALHANDO AS CARTAS E EMPREENDENDO

2. Começamos a pensar em qual jogo o adversário pode ter e a jogar nossa mão pensando na força dele (podendo blefar se sentirmos fraqueza no oponente ou fugir, quando ele aparenta estar com um jogo mais forte que o seu). Nossas fichas são apostadas comparando nosso jogo ao que achamos que o outro tem. Nessa fase, importa o nosso jogo e o do adversário.

3. Começamos a pensar no que o adversário acredita ser nosso jogo. Além de pensarmos no que ele pode ter, pensamos em como nos vê. E, assim, jogamos com a imagem que criamos. Nessa fase, a real força do seu jogo passa a importar menos; o jogo do adversário, mais.

4. O pensamento vai além e chega a um nível em que jogamos pensando se as atitudes do adversário são para tentar nos despistar em função do que ele pensa que nós temos e achamos do jogo dele. Nessa fase, você percebe que seu adversário muitas vezes também tenta representar algo que não tem. Agora é preciso balancear o seu jogo, o jogo do adversário e o que vocês dois estão tentando representar.

Este é o *metagame*: quando as cartas passam a importar menos e as atitudes, mais, para tentar ler o adversário e saber como se comportar.

Quanto mais inexperiente for nosso adversário, menos precisamos nos preocupar com esse nível de raciocínio. Mas, no lugar onde os grandes jogadores estão, e também os grandes negócios, o mais alto grau de complexidade de jogadas é encontrado.

Primeiro, você pensa apenas no que você planejou para o seu negócio. Seus planos, seus preços, suas ideias. O *metagame* começa quando você percebe que seu negócio não funciona fora de uma cadeia. Ele precisa se alimentar dos consumidores (seja para seus produtos, ou seus clientes) e às vezes também da outra ponta, dos fornecedores e prestadores de serviços. Você precisa então começar a negociar os custos de entrada e os preços de saída. E para entrar nesse jogo, precisa começar a pensar como seus adversários.

Para traçar a melhor estratégia, você precisa começar a construir o seu *metagame*, evoluindo o seu pensamento e compreensão sobre o negócio, entendendo o que as outras partes necessitam e adaptando suas premissas.

O jogo de negociação e perceber em última instância como o seu negócio é visto pelas outras partes se tornará essencial para o seu crescimento. Não basta jogar suas cartas, você tem que aprender a jogá-las em um contexto.

Por que aprender o *metagame* é importante para os negócios? Porque, numa reunião ou negociação, você não sabe as reais intenções do outro lado da mesa. O mesmo *metagame* tem de ser desenvolvido se você deseja que seu adversário coloque as cartas na mesa.

CURIOSIDADE: *A expressão "colocar as cartas na mesa" significa falar honestamente sobre suas verdadeiras intenções e é uma referência direta a jogos de poker, onde, encerradas as apostas, os jogadores devem expor seus jogos colocando as cartas sobre a mesa, com a face voltada para cima revelando seu real valor, já que apenas com apostas e a fala o jogador poderia blefar.*

O termo foi utilizado pela primeira vez com destaque em Cartas na mesa, de Agatha Christie, lançado em novembro de 1936. No livro, Hercule Poirot, o detetive belga criado pela escritora, é convidado para uma festa na casa do milionário sr. Shaitana, que termina a noite morto com uma facada. Os quatro convidados da festa são os suspeitos. Ao longo do livro, descobrimos que cada um dos convidados tinha uma agenda secreta a cumprir naquela noite. Todos estiveram envolvidos em assassinatos anteriormente, sem relação alguma com suas atividades atuais e com suas reputações. Torna-se necessário um bom detetive, um bom leitor de almas, para descobrir a verdade por trás das intenções dos convidados. Curiosamente, uma das pistas que leva à descoberta do assassino surge durante um jogo de cartas — no caso do livro, o bridge.

Não basta conduzir uma reunião de negócios apenas de acordo com os seus interesses e agenda. Você tem de tentar entrar na cabeça dos outros participantes, principalmente dos que estão do outro lado da negociação, para entender como eles estão jogando as cartas e qual é a força de seus jogos.

Jogos de habilidade × Jogos de azar

Em minha área, o preconceito e a falta de informação atrapalham muito. No Brasil, as palavras "jogo" e "risco" muitas vezes são atribuídas errônea e exclusivamente a cassinos, loterias ou jogos de azar.

Primeiro, vamos falar do termo "azar". Os jogos de azar são aqueles em que o resultado é determinado principal ou somente pelo acaso, pelo destino. Exemplo: os sorteios dos números da Mega-Sena. Não há habilidade envolvida. Apenas a escolha aleatória dos números determina o vencedor. Outro exemplo seria uma roleta. Você aposta num número. Depois, só lhe resta esperar que a roleta gire e a bolinha caia sobre um dos números. Um bingo segue o mesmo padrão. Não dá para blefar no bingo, representar um jogo que você não tem, nem ao menos gritar "bingo" antes da hora ou anular o resultado de outro jogador. Os jogos de azar são proibidos pela legislação brasileira. Ou melhor, exceto nos casos em que a legislação reserva o direito à própria União de explorá-los, como é o caso das loterias.

No caso do poker, a sorte é um fator presente no jogo, pois existe uma distribuição aleatória de cartas.

No entanto, o jogador não é obrigado a entrar em todas as mãos, podendo escolher quais jogar. Ou seja, pode utilizar técnicas para diminuir o efeito da aleatoriedade escolhendo participar apenas de mãos que lhe favoreçam.

Além disso, ainda é possível manobrar contra a ordem natural do acaso e fazer com que uma mão inferior vença uma rodada, representando para o adversário que se tem uma mão mais forte.

Esse fator de habilidade na leitura de situações de jogo é que faz com que o poker seja tão fascinante.

Se você tomar como exemplo dois jogadores de bingo, um com larga experiência e outro que nem conhece as regras, as chances deles de ganhar nesse jogo são iguais e dependem do acaso.

Se colocar um jogador experiente de poker contra um que não conhece teoria e estratégia, este perderá mais cedo ou mais tarde para o melhor jogador.

Vários estudos já foram realizados para comprovar a tese de que no poker a habilidade do jogador é o que mais influencia no resultado. Para o grande público, a grande maioria desses estudos é desconhecido, mas um em especial chama a atenção por conta de seu autor, Steven D. Levitt. Steven é um economista que ficou mundialmente conhecido pelos best-sellers *Freakonomics: o lado oculto e inesperado de tudo que nos afeta*, e sua sequência, *Superfreakonomics*. Em suas obras, Steven usa princípios de economia para analisar fatos cotidianos e criar relações entre eles. Por exemplo, em seu primeiro livro afirma que o aborto legalizado nos Estados Unidos foi um dos fatores que mais contribuiu para a diminuição da criminalidade duas décadas depois. Polêmico, não? Mas ele usa números e fatos para tentar estabelecer uma relação de causa e efeito. Será que uma criança nascida de uma gravidez indesejada e sem planejamento, tem mais chances de se tornar um bandido?

No estudo chamado *The Role of Skill Versus Luck in Poker: Evidence from the World Series of Poker* (O papel da habilidade *versus* sorte no poker: Evidências do Campeonato Mundial de Poker), em coautoria com Thomas J. Miles, Levitt compara os resultados de um grupo de jogadores considerados profissionais de poker (com anos de prática e uma grande quantidade de torneios jogados) com os de jogadores amadores (novatos com menos experiência) para demonstrar que os mais experientes costumam ter em média 30% de retorno em cima do dinheiro investido, enquanto os amadores costumam perder 15%.

O estudo provou que, quanto maior o conhecimento e a habilidade, e, ainda, a experiência com o jogo de poker, melhores são os resultados.

A habilidade importa mais no poker do que a sorte. E o mesmo acontece nos negócios. Não dá para desconsiderar o fator aleatório, mas o preparo é fundamental.

Isso nos leva a outro ponto: a análise do que é arriscar.

Expectativa e Retorno sobre o investimento

Todos os negócios têm um grau de risco envolvido. E, quanto maior o risco, maior tende a ser o retorno esperado para o investimento que você faz. A grande questão é entender como mensurar o que você está arriscando, quanto pode perder ou ganhar com as suas decisões.

A bolsa de valores é um investimento cada vez mais popular no Brasil, e que tem elementos muito semelhantes aos utilizados pelos jogadores de poker. É necessário um método com expectativa positiva, o capital para ser investido e saber negociar seus papéis. Um novato na bolsa precisa desenvolver habilidades para se tornar um vencedor. Não é questão de sorte, e sim de saber como investir.

Maurício "Bastter" Hissa, autor de *Sobreviva na bolsa de valores*, é reconhecido como um dos maiores especialistas no Brasil em investimentos no mercado acionário. Bastter utiliza em seus cursos e palestras a comparação entre o poker e o mercado de ações. Convidei-o para escrever um dos capítulos do meu livro *Dominando a arte do poker*, mostrando os paralelos entre as técnicas para dominar o esporte e a bolsa de valores. É importante perceber que vários especialistas em negócios apontam o poker como um jogo que desenvolve habilidades essenciais para o sucesso empresarial e corporativo.

Poucos percebem a verdade máxima por trás dos negócios: *business is gamble*, ou, em bom português, "fazer negócios é um jogo". É claro que, se você sabe o que está fazendo e toma decisões inteligentes, maximiza suas chances de ser bem-sucedido. Mas na maioria das vezes o sucesso ou o fracasso não estão completamente sob controle. Você tem de correr riscos e apostar na sua intuição.

Para vencer nos negócios, é necessário ter correndo em suas veias o instinto competitivo e estar disposto a jogar o jogo.

Poker e negócios envolvem elementos de jogos. O grande ponto a se pensar é se você é bom o suficiente para vencer.

Será que você tem as habilidades necessárias para triunfar?

Será que apostaria em si mesmo para ser um vencedor?

Chegou a hora de reembaralhar as cartas e distribuir uma nova mão. Abrir a cabeça para a possibilidade de mudanças. Aprender a enxergar o jogo em um outro nível de pensamento, indo mais profundamente em busca das suas possibilidades.

CURIOSIDADE: *No poker, é tradicional que os torneios para atrair público garantam uma premiação. Essa garantia é calculada com base na expectativa de público para o evento. Se esse público não comparecer, o torneio gera o que chamamos de overlay, uma premiação maior do que o que foi arrecadado com inscrições. Oferecer uma garantia de premiação baseada na suposição de quantos jogadores irão se inscrever requer experiência, muito estudo do próprio negócio e saber quanto você pode garantir com o seu fluxo de caixa, para não prejudicar o crescimento do seu empreendimento.*

3

Aprendendo a jogar poker e a fazer negócios

Você pode ensinar a um estudante uma lição por dia.
Mas se puder ensiná-lo a aprender criando a curiosidade,
ele continuará o processo de aprendizado enquanto viver.

Clay P. Bedord

QUEM JÁ LEU algum livro sobre gerenciamento de tempo e vida deve ter ouvido falar em termos como princípios, objetivos, urgência e importância. O fato é que todos nós, principalmente quando leigos nesses assuntos, confundimos e utilizamos esses termos de forma errônea.

Às vezes, vemos nosso trabalho como fim, e não como meio. Não definimos objetivos claros de longo prazo e nos contentamos com as vitórias parciais. Muitas vezes, confundimos o que valorizamos com o objetivo ou o princípio.

Para ficar mais claro, se você valoriza uma situação financeira estável, ou seja, se dá valor a ter dinheiro, passa a acreditar que essa é sua motivação pueril.

Trabalhamos então para atingir um objetivo financeiro e, muitas vezes, não percebemos que certos pontos em nossas vidas estão frágeis.

Na realidade, o princípio que a maioria das pessoas busca é atingir qualidade de vida. E, embora o significado de qualidade de vida possa variar de uma pessoa para outra, normalmente passa por equilibrar quatro áreas de nossa existência: espiritual, social, mental e física.

Para sentir-se completo e ter qualidade de vida, é importante buscar atingir seus objetivos em todas essas áreas, muitas vezes fazendo atividades que o satisfaçam em mais de uma ao mesmo tempo.

O dinheiro, citado acima como um valor, pode ser um dos mecanismos para ajudá-lo nessas quatro grandes áreas. Pode, por exemplo:

◆ Pagar pela sua saúde (física).

◆ Prover conforto e estabilidade (social).

◆ Permitir que você ajude o próximo (espiritual).

◆ Arcar com seus estudos (mental).

Repare que as classificações acima poderiam ser ligeiramente modificadas:

◆ Ter saúde mantém sua estabilidade mental.

◆ Conforto proporciona satisfação no aspecto físico.

◆ Ajudar o próximo trabalha seu lado social.

◆ Estudar é bom para o seu lado espiritual.

Não importa, pois a grande verdade é perceber que somos movidos por esses quatro parâmetros em nossas vidas, e que quando ajudamos mais de um lado ao mesmo tempo, maior é a nossa satisfação e sensação de completude.

Nesse sentido amplo, percebemos que o poker não foi mais do que uma ferramenta, algo como uma metáfora, para descobrir um meio de atingir objetivos maiores nos campos social, físico, mental e espiritual.

Psicologia se mistura a uma ciência exata. Comportamento humano e conhecimento teórico. Criatividade para fazer novas jogadas e negócios.

A busca por ser mais completo e feliz me levou a modificar meu trajeto. As mudanças que citei ao final do capítulo anterior, passavam por aprender a jogar o jogo trazendo melhorias conjuntas para todos os aspectos da vida.

Mas um ponto é fundamental: no poker, seus adversários sempre querem enganá-lo. Sempre querem ganhar ou levar alguma vantagem sobre você. A relação interpessoal vai a outro nível, muito semelhante ao do mundo empresarial.

O lado espiritual, tantas vezes deixado em segundo plano, é extremamente importante para fechar o ciclo e equilibrar sua vida.

Li um livro chamado The Tao of Poker, de Larry W. Phillips, que me ajudou bastante a enxergar o link entre poker e filosofia (mais ainda do que religião). São pequenas lições que ajudam a pensar em como meditar, encarar vitórias e derrotas, manter o foco e a concentração e crescer espiritualmente.

Tao pode ser traduzido como "o caminho", mas em essência não dá para ser descrito, tem que ser vivido, é uma filosofia de vida. É o poder que circunda e envolve todas as coisas, vivas e inanimadas. O símbolo do taoismo ou daoismo é o yin-yang, que representa o equilíbrio, o balanço delicado do universo, que o tao regula. A tradição filosófica tem acompanhado os povos do leste asiático há mais de 2.500 anos. A ética taoista enfatiza as três joias do tao: compaixão, moderação e humildade. O pensamento taoista é centrado na natureza, na relação entre humanidade e cosmos, saúde e longevidade e o wu-wei (ação através da não ação).

No livro, Larry pega citações de empresários como Warren Buffet, filósofos como Sun Tzu e o próprio Lao Tse (fundador do taoismo), técnicos, atletas, escritores e também jogadores profissionais de poker e vai discutindo sobre autocontrole, tomada de decisões sob pressão, disciplina, paciência, como permanecer calmo e, principalmente, autoconhecimento. Larry também escreveu o livro Zen and the Art of Poker, no qual relaciona o poker com o zen-budismo.

Hoje, não consigo imaginar um jogador de poker vencedor que não tenha equilíbrio nessas quatro áreas.

Não me proponho a entrar em aspectos da vida pessoal separadamente da profissional, embora assegure que poderia fazê-lo também usando o que aprendi no poker, justamente por se tratar de um jogo interpessoal e que leva ao aprendizado de psicologia e das inter-relações.

Para avançarmos mais nos ensinamentos do poker para o mundo dos negócios, precisamos antes conhecer um pouco das teorias sobre a origem do poker, como ele mesmo se colocou como uma opção de negócio para muitos e se popularizou por todo o mundo. Para entender como capitalizar com as cartas vamos voltar ao começo.

Origem do poker

Não se sabe ao certo a origem do poker. Alguns dizem que foram os chineses que o inventaram, por volta do ano 900, e que foi um jogo derivado de pedras que lembrava o dominó. Outros dizem que foram os persas que criaram um jogo chamado As Nas, praticado com um baralho especial de 25 cartas e cinco naipes (em vez das 52 cartas e quatro naipes atuais). O jogo era bem parecido com uma modalidade que persiste até hoje, chamada Five-Card Stud, e também se baseava em fazer combinações como trincas, pares... Os europeus adaptaram esse jogo e passaram a chamá-lo de *poque* ou *pochen*. Pôquer e poker vêm daí.

A despeito da origem, o jogo se desenvolveu de fato nos Estados Unidos, a partir do século XIX, mais precisamente no estado da Louisiana, em Nova Orleans, com os colonos franceses, que o chamavam de *poque*.

Louisiana foi um dos pontos de entrada durante o período de colonização do país. No início do século XIX, a França possuía os direitos sobre aquelas terras. Logo os Estados Unidos, que tinham acabado de se tornar um país independente, perceberam a importância de ter o controle daquele estado. O motivo é que naquela época todas as cidades americanas não avançavam muito além de uma centena de quilômetros em direção ao centro do continente, mantendo-se sempre próximas da costa por conta da dificuldade em levar produtos para o interior do país e, assim, continuar se expandindo. O rio Mississippi, que cortava o estado ao meio, era uma das opções viáveis de iniciar essa exploração rumo ao interior. Logo que os Estados Unidos o compraram de Napoleão Bonaparte, que precisava de dinheiro para financiar suas batalhas na Europa, começaram os planos para tornar possível essa expansão fluvial.

APRENDENDO A JOGAR POKER E A FAZER NEGÓCIOS

Foram construídos então os primeiros barcos a vapor que iriam navegar pelo Mississippi. O problema é que, para conseguir carregar toneladas de equipamentos entre suprimentos, materiais de construção, ferramentas, animais e ainda cerca de cinquenta pessoas, os barcos eram grandes e navegavam bem devagar — a cerca de 6 km/h contra a corrente e 16 km/h a favor.

Assim, as viagens para as localidades mais distantes podiam levar semanas. E como se ocupar, para ajudar a passar o tempo no barco? Jogando poker.

Além disso, toda a mentalidade era como a de um garimpo. Enriquecer da noite para o dia era o objetivo, e o poker era um meio para fortunas trocarem de mãos.

Por volta de 1830, o poker era então o principal passatempo nos barcos a vapor. Era jogado por até cinco jogadores, que recebiam cinco cartas e então faziam suas apostas numa única rodada. Quem tivesse a melhor combinação de cartas ganhava.

O poker é tão importante na história do país que chega a se confundir com ela. É famosa a associação do poker com o Velho Oeste, o que, na prática, representa a formação de grande parte daquelas terras. Foram as corridas pelo ouro que fizeram os americanos deixar a costa e desbravar as áreas centrais.

O marketing da "mão do morto"

Uma das histórias mais emblemáticas sobre o Velho Oeste é a de Wild Bill Hickok. James Butler Hickok nasceu em 1837, e, quando consideramos seu status legendário, é estranho pensar que viveu apenas 39 anos. Seu nome foi associado eternamente à cidade de Deadwood, mas ele nasceu e viveu em Illinois até completar 19 anos. Depois, tornou-se um soldado da guerra civil americana. Após um tempo, virou xerife e *marshall* no Kansas.

Deadwood era uma cidade que traduzia a imagem que temos do Velho Oeste. Era composta pelos famosos *saloons*, hotéis (e bordéis), estábulos e algumas lojas de artigos gerais (*general* ou *hardware stores*, em inglês). Havia uma rua principal e toda essa economia girando em torno dela. Além disso, era ponto de parada para as caravanas de mineiros em busca de ouro.

Qual é a relevância disso para o poker? Acontece que Wild Bill está no hall da fama do poker (em que apenas cerca de cinquenta jogadores de todas as épocas dividem as honras). Ele foi morto enquanto jogava, e possivelmente por causa de uma partida de que participara na noite anterior. E estava segurando dois "ases" e dois "oitos", mão que ficou conhecida como *dead man's hand* (mão do homem morto).

E, antes que comecemos a pensar que essa história do Wild Bill e a *dead man's hand* não têm relevância com o tema do livro, aqui vem uma das primeiras lições de poker e negócios: metaforicamente, é como fazer de alguns limões uma bela limonada e, mais ainda, adicionar bastante água para vender essa limonada para mais pessoas.

Deadwood é a cidade em que Wild Bill Hickok morreu, em 1876. Nessa época, os Estados Unidos viviam a febre da corrida do ouro e a população da cidade girava em torno de trinta mil habitantes. Após a Revolução Industrial e o estabelecimento das grandes capitais, a maioria das cidades que cresceram em torno da economia da mineração foi diminuindo (Deadwood chegou a apenas 2.500 habitantes) e se transformou no que poderíamos chamar de cidade-fantasma, vivendo do passado.

Deadwood, entretanto, se uniu em torno do folclore sobre Wild Bill e seu assassinato. A cidade legalizou o jogo em 1989, começou a preservar e a manter o local com seu aspecto arquitetônico original e se tornou uma pequena Las Vegas, com cerca de oitenta centros de jogos e um número até exagerado de *saloons*.

É a lenda de Wild Bill que atrai para Deadwood mais de dois milhões de turistas por ano. Ele é a estrela da cidade, presente em camisetas, *souvenirs* e por toda parte. E quem visita a cidade encontra Hickok "vivo", numa encenação teatral. Todas as tardes, em frente ao *saloon* número dez, ocorre um duelo em que se recria uma cena de morte para a personagem (aliás, bem diferente da história verdadeira, em que ele morre jogando poker dentro do *saloon*).

APRENDENDO A JOGAR POKER E A FAZER NEGÓCIOS   45

Wild Bill significa dinheiro, e quem lucra mais é exatamente o recriado *saloon* número dez, no final da Main Street. Ele organiza o show do assassinato diariamente, e suas paredes estão cobertas com gravuras de Wild Bill e seus parceiros. É um salão de jogos onde os turistas podem jogar poker sentindo a atmosfera da época ou conhecer a história pelas paredes.

A própria lenda de Wild Bill mostra que nada de concreto existe para justificar sua popularidade. Não era um grande jogador de poker, daqueles que deviam ser lembrados por serem grandes vencedores. Não havia registros fiéis sobre quem eram os ganhadores nessa época, porém Wild Bill morreu sem posses, diferente do que se esperava dos grandes jogadores daquele tempo.

Mas será mesmo que são apenas os melhores que conseguem ser lembrados? Ou, mesmo na história, temos grandes marqueteiros da própria imagem? Ou, ainda, grandes marqueteiros por trás da imagem de outros?

Vamos começar a pensar um pouco no fato de a propaganda ser, muitas vezes, mais importante do que os resultados.

Uma história bem-contada vale mais que grandes vitórias mal-anunciadas

Se Wild Bill não era um grande jogador, talvez tivesse alguma relevância em outras áreas, certo? Novamente, não. Ele foi um soldado na guerra civil, e, ao mesmo tempo, já com cerca de 39 anos e mal financeiramente, decidiu embarcar numa caravana que saiu em busca de ouro no Oeste. E seu caminho o levou a Deadwood.

Ele era importante na cidade? Bom, somente se você pensar que uma pessoa que chegou três semanas antes de ser morta poderia fazer alguma diferença. É claro que, sendo um homem e pistoleiro do Velho Oeste, várias histórias se formaram em torno dele. Alguns diziam que era um herói de guerra, e que era o melhor atirador da região; que havia vencido grandes duelos e até que, após vencer um deles contra o dono de um *saloon* que tentou roubá-lo, acabou matando um de seus melhores amigos por acidente.

Sobre essa história, vale dizer que ele tinha acabado de atirar num inimigo durante um duelo quando percebeu um vulto atrás de si. Achando que fosse alguma emboscada, virou-se rapidamente, atirando. Acertou em cheio seu amigo, que morreu naquele mesmo local.

O dia a dia do Velho Oeste era assim. Todos os dias morriam pessoas em duelos pela honra, por dinheiro ou por desavenças triviais. Sendo assim, é de se estranhar que a morte de Wild Bill tenha gerado histórias que se perpetuam até hoje.

O fato é que a fama dessa história não se deu em função de seus personagens, mas sim da mão que Wild Bill supostamente teria (dois "ases", dois "oitos" e uma quinta carta, que ninguém sabe qual era). A representação dessa mão é conhecida no poker há mais de 130 anos, mas, na realidade, pode ser apenas mais uma lenda.

Todos passaram a achar que essa mão era amaldiçoada e, assim, foram repassando a história (e provavelmente aumentando a dramaticidade cada vez que a contavam).

Historiadores dizem que é impossível dizer se essa realmente era a mão que Wild Bill tinha quando foi morto, e que possivelmente é apenas uma criação popular. Ninguém na hora do assassinato estava preocupado com que cartas Wild Bill segurava (se é que ele estava mesmo com alguma carta na mão).

Toda essa história e lenda seguram a economia de Deadwood. Na realidade, o poker e a lenda de Wild Bill.

E não é a única história do gênero. Você conhece um filme chamado *Tombstone*, com Kevin Costner?

Tombstone é outra cidade do Velho Oeste que prega que o jogo mais longo de poker da história aconteceu num de seus *saloons*. Esse jogo teria durado oito anos, cinco meses e três dias. O *buy-in* era de mil dólares, e, para se levantar do jogo, o participante tinha de avisar sua intenção de sair com antecedência de trinta a quarenta minutos, para que os funcionários do *saloon* fossem buscar o próximo na lista de espera a fim de que o jogo não parasse. Era um jogo com sete participantes que nunca era interrompido.

Lenda? Fato ou não, o poker também segura a economia de Tombstone até hoje (minha maior dúvida é por que o jogo foi interrompido ao fim de oito anos).

E, como podemos ver, o poker está ligado diretamente à história do desenvolvimento dos Estados Unidos, não só como uma forma de diversão, mas também ao mostrar fortunas mudando de mãos, lendas e mitos sendo criados e povoando o imaginário popular.

Já falamos de bandidos e heróis, de histórias do Velho Oeste e da formação de um país. Mas será que o jogo de alguma forma ainda influencia o presente dos americanos e sua história?

Poker moderno: Bill Gates e Wall Street

Vindo para uma época mais moderna, várias anedotas curiosas poderiam ser citadas, mas uma das que ilustram melhor o fato de o poker estar incrustado na cultura americana é a que envolve Bill Gates.

Reza a lenda que Bill começou a Microsoft com dinheiro ganho em suas partidas de poker pelos dormitórios de Harvard. Bill diz, em sua autobiografia, que o jogo lhe ensinou muito mais sobre disciplina e estratégia do que qualquer universidade.

"Graças ao poker eu me tornei muito bom em processar informações e avaliá-las rapidamente. Foi algo extremamente importante para a minha carreira."

A sociedade americana é o símbolo maior do capitalismo e da prosperidade, embora esteja passando hoje por uma crise sem precedentes relacionada à febre do crédito desenfreado. É uma sociedade que desde cedo desenvolveu seu mercado de valores e a transferência de riquezas, tendo o maior número de companhias de capital aberto do mundo e as bolsas de valores mais fortes. Wall Street foi considerada o coração financeiro do mundo por muitos e muitos anos.

E adivinha qual o passatempo preferido dos trabalhadores do mercado e celebridades de Nova York? As rodas de poker, que em Nova York chegaram até a ser proibidas pelo governo. O poker só pode ser praticado em cassinos em Atlantic City, New Jersey, que fica ao lado de Nova York. Alguns escândalos envolvendo jogos milionários de poker e a polícia já foram notícia pelo mundo. Em abril de 2013, a polícia federal americana (FBI) prendeu os responsáveis por um esquema ilegal de poker que envolvia celebridades como Leonardo DiCaprio, Matt Damon, Ben Affleck, Tobey Maguire e o jogador de beisebol Alex Rodrigues. No livro *O lobo de Wall Street*, Jordan Belfort relata que os jogos high stakes de poker eram rotina já na década de 1980 entre os operadores de Wall Street.

O famoso ator americano Walter Matthau tem uma frase brilhante sobre o poker e o capitalismo: "O poker exemplifica os piores aspectos do capitalismo que fizeram o nosso país tão grande."

Para ser um bom jogador no mercado financeiro, é necessário:

♦ Banca: ter um capital para ser alocado para seus investimentos e saber como dividi-lo para minimizar seus riscos e aumentar suas chances de sucesso.

♦ Método com expectativa positiva: escolher estratégias baseadas em fundamentos e suposições que visem maior lucratividade.

♦ Conhecimento teórico: saber o que você está fazendo, quais são suas possibilidades em termos de operações, quais são as regras para seus atos e suas limitações.

O poker é exatamente assim: primeiro se aprende como jogar, quais são as regras, os limites e as possibilidades. Essa teoria lhe permitirá traçar estratégias para diferentes situações de jogo com o intuito de lucrar com elas. E, enfim, você precisa ser um bom administrador da sua banca para saber alocar seus riscos de acordo com ela.

Os gladiadores do futuro e o negócio do poker

A história que tornou o poker tão popular no mundo a partir da última década é repleta de itens que todos nós conhecemos: internet, televisão e bom marketing.

Quer ver como construir um negócio milionário? Vamos aprender com a história recente do poker e de outros esportes como o MMA no mundo.

APRENDENDO A JOGAR POKER E A FAZER NEGÓCIOS

Durante anos, o poker continuou a se modernizar e a se reinventar nos Estados Unidos. Já nos anos 1960, foi criado o WSOP (World Series of Poker), o campeonato mundial da categoria. No anos 1990, algumas das finais do WSOP foram transmitidas pela ESPN, mas os programas tinham pouca audiência mesmo nos Estados Unidos, pelo simples fato de ser muito difícil acompanhar uma partida em que os espectadores não têm a menor ideia de quais cartas os competidores estão segurando. Não havia como torcer por algo se você não sabia o que estava acontecendo.

Para o poker se popularizar e ganhar o mundo, faltavam alguns ajustes, e o primeiro deles foi a invenção de um simples artifício para que os espectadores pudessem acompanhar os jogos: as *hole-card cameras*, pequenas câmeras colocadas na borda interna das mesas de poker, que filmam as cartas de cada jogador em toda rodada. Assim, os programas podem ser editados e mostrar a jogada acontecendo com as cartas que os jogadores possuem. Fica muito mais fácil torcer, dar opinião, ver quem está blefando e quem tem o melhor jogo.

Lyle Berman e Steve Lipscomb foram os responsáveis por trazer essa inovação para a televisão, e a estreia ocorreu em março de 2003, com o primeiro programa do World Poker Tour (WPT) indo ao ar pelo Travel Channel.

Uma história curiosa sobre o WPT é que, após receber a proposta de Steve Lipscomb para criar o programa, Lyle Berman foi atrás de investidores, e a primeira pessoa com quem resolveu falar foi Doyle Brunson, considerado uma das maiores lendas vivas do poker.

Texas Dolly, que hoje está na oitava década de vida, detém nada mais, nada menos, que dez braceletes de campeão mundial (WSOP), e dedicou toda a vida ao esporte. Doyle é também autor do livro Super System, uma das bíblias do assunto, com estratégias que, na época de seu lançamento, mais de quarenta anos atrás, nunca haviam sido publicadas.

Depois de ouvir a proposta junto com seu amigo "Chip" Reese, Doyle deu a entender que investiria cerca de um milhão de dólares de seu próprio bolso no projeto, mas, após uma reunião com a presença de Jack Binion, que achou o projeto fadado ao fracasso, desistiu de participar do WPT.

Parece que ele se arrependeu. Cinco anos depois, fez uma oferta para comprar a

WPT Enterprises por setecentos milhões de dólares. Poderia ter sido bem mais barato investir lá no início...

Num livro sobre negócios, é importante falar de homens que tiveram boas visões de mercado e de como às vezes nos cegamos para o que está à nossa frente.

De acordo com palavras do próprio Doyle, publicadas num blog pessoal e transcritas por Lyle Berman em seu livro I'm All In, o veterano jogador texano se arrepende por ter investido em vários negócios furados em diversas áreas mas, quando a chance maior surgiu, diretamente ligada ao jogo que representa boa parte de sua vida, num mercado que ele devia conhecer, ele não viu a oportunidade e deixou de se tornar um dos donos da WPT.

Lyle Berman percebeu que o poker poderia se transformar num esporte rentável como as grandes ligas de basquete (NBA), golfe (PGA) e futebol americano (NFL) e, assim, ter um público cativo e gerar uma série de subprodutos ligados à formação de uma marca (*branding*). Como todo esporte, o poker gera ídolos com fãs por todo o mundo, e isso gera o desejo pelo consumo.

Um esporte precisa de ídolos para se popularizar, e depois, são os ídolos que irão vender as marcas que se associam a eles.

Saindo um pouco do poker, vale perceber que esse foi o mesmo espírito por trás da criação, nos últimos anos, de um dos maiores fenômenos econômicos do mundo dos esportes, o MMA (Mixed Martial Arts), com a franquia do UFC (Ultimate Fighting Championship). O UFC é hoje um evento de alcance mundial, transmitido em tempo real para diversas redes de televisão e em formato *pay-per-view*. Além disso, gera milhares de subprodutos ligados à cultura da luta e não para de crescer.

Eu, que estou longe do estereótipo de um lutador de artes marciais, me pego assistindo aos eventos do UFC ao vivo, em madrugadas de sábado, direto de Las Vegas para a televisão em minha sala. Teço comentários como um profundo entendedor da arte de apanhar e sangrar, lutar como gladiadores, quebrar o adversário com golpes, e, no final, falo inclusive sobre a grande técnica do oponente e como o melhor venceu ou perdeu.

Um outro aspecto que ajudou o poker a se popularizar e, abrir todo um leque de oportunidades de negócios, é o fato de qualquer pessoa comum, independente de sexo, idade, raça e constituição física, pode

APRENDENDO A JOGAR POKER E A FAZER NEGÓCIOS 51

participar de jogos de poker e até mesmo das maiores competições internacionais. Não dá para um cidadão comum participar de uma partida de futebol no Maracanã, ou pilotar um carro de Fórmula 1, mas podemos ver um brasileiro na mesa final do WPT ou do WSOP, como já aconteceu nos últimos anos.

Já tivemos brasileiros faturando títulos importantes em âmbito mundial, que além de prestígio, trouxeram também prêmios milionários.

Alexandre Gomes, ex-advogado de Curitiba, foi o primeiro brasileiro a conquistar um título no WSOP e também no WPT, faturando pelos feitos mais de um milhão de dólares em premiações.

Em 2011, André Akkari, que criou o BSOP junto comigo e com o Leandro "Brasa", se tornou o segundo brasileiro campeão mundial. Faturou seu cobiçado bracelete no WSOP, em Las Vegas e uma premiação que ultrapassou um milhão de reais.

Nicolau Villa-Lobos, filho do músico do Legião Urbana, Dado Villa-Lobos, foi o primeiro brasileiro a conquistar um titulo de poker em solo europeu, e com outros resultados expressivos também entrou para o clube dos brasileiros com mais de seis dígitos em premiações em eventos de poker.

No entanto, lembrando que uma grande parte dos leitores pode não estar familiarizada com o poker, mas em como prosperar nos negócios, vale a pena destacar que eu também era um leigo e extremamente desinteressado em jogos de cartas até pouco mais de oito anos. É verdade que eu já havia jogado poker com feijões na infância, mas nunca tinha participado de um campeonato ou imaginado que minha vida poderia mudar tanto após conhecer o jogo mais a fundo. Não consigo hoje, olhando para trás, entender se foi minha paixão por empreender ou o jogo em si que mais me fascinou.

Eu contei que o poker chegou à televisão pelo WPT, em março de 2003, e que essa estreia começou a abrir caminho para a massificação do esporte. Porém, naquele ano, outro grande fato aconteceu que ajudaria esse *boom* não só nos Estados Unidos, mas no mundo inteiro.

Em maio de 2003, um contador americano com o sugestivo nome de Chris Moneymaker ("fazedor de dinheiro") ganhou o título mundial (WSOP) derrotando um jogador profissional na final ("Sammy" Farha).

Era um amador ganhando o maior torneio do mundo e se tornando milionário da noite para o dia.

O mais impressionante foi como ele chegou até o torneio. A inscrição para o evento principal custa dez mil dólares. Moneymaker nunca poderia pagar tanto para participar de uma disputa. Mas, jogando no conforto de sua casa num torneio on-line com menos de uma dezena de dólares, ele ganhou o direito de participar de outro torneio, com *buy-in* um pouco maior. Nesse segundo, acabou ganhando a inscrição para o evento principal do WSOP, o que seria seu primeiro ao vivo.

Chris foi sobrevivendo a todos os adversários e acabou se consagrando campeão mundial e fazendo jus a uma premiação de 2,5 milhões de dólares.

Era a personificação do sonho americano. Um cidadão comum ficando milionário da noite para o dia, utilizando suas próprias habilidades, competindo contra os melhores do mundo e ganhando.

O que se seguiu no poker ficou conhecido como "Efeito Moneymaker": a popularidade dos sites de poker começou a aumentar exponencialmente.

Comecei a "consumir" poker comprando fichas para jogar, baralhos e lendo todos os livros que achava.

Ao estudar o jogo de poker, comecei a entender mais sobre o mercado que se formava em torno da febre mundial.

Estudar sobre o assunto em que você deseja trabalhar é fundamental.
Assim como eu, milhares de novos jogadores estavam ávidos por informações e para entender como poderiam continuar jogando e praticando seus hobbies.

Os leitores deste livro precisam saber jogar poker para ser bem-sucedidos no mundo dos negócios? Com certeza, não. Mas aconselho todos a experimentarem o jogo. Poker é um hobby, é uma diversão e é estimulante para o raciocínio.

O princípio do jogo é muito simples. Uma partida de poker é composta por uma série de rodadas individuais (chamadas de "mãos"), em

APRENDENDO A JOGAR POKER E A FAZER NEGÓCIOS   53

que os competidores tentam vencer tendo a melhor combinação de cartas entre as que estão disputando ou fazendo todos os outros competidores desistirem daquela rodada. Assim que uma rodada termina, o vencedor recebe as fichas apostadas e uma nova mão se inicia com todos recebendo novas cartas.

Uma das primeiras lições do poker e que tem tradução direta no mundo dos negócios é que você não precisa vencer todas as rodadas nem o maior número delas. Você pode até optar por não jogar várias delas. O que tem de fazer é escolher as melhores oportunidades para vencer as rodadas-chave, que farão com que o seu patrimônio (fichas) aumente com as vitórias.

No poker e nos negócios, se você não tem uma boa mão, não precisa obrigatoriamente jogar. Às vezes, largar quando você já investiu uma parte do seu capital pode ser o melhor caminho. Os bons jogadores reconhecem essas perdas e, em vez de correrem atrás do que já se perdeu, procuram as próximas oportunidades.

Existem diversos formatos de jogos:

♦ Num torneio, por exemplo, todos começam com a mesma quantidade de fichas, e os jogadores vão tentando acumular mais até que só reste um vencedor. Aqueles que perdem todas as fichas são eliminados. Os melhores colocados (últimos a serem eliminados) costumam ser premiados com uma parcela gradativamente maior do prêmio total.

♦ Nos chamados *ring games* (*cash games*), existe um limite máximo e mínimo de fichas para entrar. Se você perder parte delas, pode recomprá-las e continuar jogando. Não há eliminações. Nesse tipo de jogo, o mais importante deixa de ser a sobrevivência e passa a ser apenas acumular mais fichas do que você colocou em jogo (lucro). Toda a sua estratégia pode mudar, já que você não precisa eliminar todos os adversários, apenas encontrar os pontos mais fracos da mesa em que estiver jogando e ganhar algumas rodadas-chave para ser lucrativo.

Já expliquei que basta tirar todos os adversários da mão para ganhar uma rodada, mas e quando você chega até o final e tem de comparar um jogo seu com o do adversário? Quem vence?

Nesse caso, existe uma hierarquia de combinações de cartas, e quem tiver o melhor jogo ganha. Sempre serão utilizadas cinco cartas nessa comparação.

Infográfico

Considerando s = spades ou espadas, d = diamonds ou ouros, h = hearts ou copas, c = clubs ou paus, e A = ás, K = rei, Q = dama, J = valete e T = dez, do menor para o maior, o ranking de jogos é:

Carta alta: cinco cartas diferentes em ranking e pelo menos uma de um naipe diferente das outras. Ex.: As Jd 8d 7c 3s.

Um par: das suas cinco cartas, duas têm o mesmo ranking. Ex.: As Ad Jd 5c 8s.

Dois pares: das suas cinco cartas, você forma duas duplas de mesmo ranking. Ex.: Kd Kc Jc Js 8s.

Trinca: das suas cinco cartas, três têm o mesmo ranking. Ex.: 6s 6c 6h 7d Qc.

Sequência: cinco cartas com rankings sucessivos. Ex.: 5c 6d 7h 8c 9s.

Flush: suas cinco cartas têm de ser do mesmo naipe. Ex.: As Js 8s 5s 2s.

Full house: uma trinca e um par. Ex.: As Ah Ac 7s 7d.

Quadra: quatro cartas de mesmo ranking e outra qualquer. Ex.: 8s 8d 8c 8h 3d.

Straight flush: cinco cartas do mesmo naipe e sequenciais. Ex.: 7s 8s 9s Ts Js.

Royal straight flush: o mesmo que o anterior, mas com as maiores cartas. Ex.: Ts Js Qs Ks As

---

Jogar poker é uma arte. Você não pode demonstrar a real força da sua mão, ou não vai conseguir arrancar o lucro do seu adversário. Se o adversário tiver certeza de que você está ganhando, não pagará suas apostas. Se perceber que você está perdendo, virá com força para cima de você.

O ideal é que você não deixe transparecer a força da sua mão. Ou seja, evite demonstrar força ou fraqueza específica, a não ser que queira induzir o oponente a pensar de determinada maneira.

Controle emocional e perdas

Ser emotivo é bom para tomar decisões?

O poker nos ensina que seguir as leis naturais das emoções e a natureza humana pode levar a um processo ruim de tomada de decisões. Os jogadores e empresários que mais vencem são aqueles que lutam contra as tendências naturais e passam a utilizar a lógica e a razão para tomar decisões estratégicas sólidas.

As emoções são grandes inimigas da lógica. Os melhores jogadores aprendem a analisar friamente as situações, revendo o quadro de forma analítica e considerando possibilidades com base em matemática, psicologia e estratégia.

No poker e nos negócios, o dinheiro está envolvido, e com ele vêm as emoções. Quem já jogou poker sabe como é difícil parar quando se está perdendo, ainda que tudo indique que essa seja a melhor opção.

Uma vez tive uma reunião de negócios com o dono de uma corretora de investimentos que queria patrocinar o BSOP. Durante a reunião, ele descreveu o perfil do investidor que quebra na bolsa. Esse profissional faz várias pequenas operações bem-sucedidas ao longo do tempo, todas bem embasadas e com uma boa margem de segurança. Ele começa a ter um sucesso moderado e a se sentir mais confiante em suas estratégias. De repente, num dia de baixa, ele tem uma grande perda. Em vez de parar e analisar qual foi o erro e retomar o caminho das pequenas operações seguras no dia seguinte, para tentar recuperar a grande perda, ele arrisca uma manobra para recuperar tudo de uma só vez. E, novamente, é malsucedido. Entra, então, num *loop* de operações ruins que rapidamente destroem seu capital acumulado ao longo do tempo. É uma subida lenta e gradual e uma descida rápida e vertiginosa. E tudo explicado pela psicologia do operador ou, no caso do poker, do jogador.

Parar quando você está perdendo significa assumir para você mesmo a derrota. O vencedor deve saber quando perdeu a batalha, mas não a guerra, para poder vencer no final.

Um dos grandes ensinamentos do poker é acostumar você às derrotas. Você tem que aprender a perder e a minimizar suas perdas. Escolher os momentos corretos para arriscar e tentar ganhar. Mas sempre consciente que perder faz parte do jogo e que você precisa saber como se manter vivo no jogo para esperar o momento certo de dar o seu bote e ganhar a batalha.

A prática constante do poker mexe com os neurotransmissores cerebrais alterando sua tolerância ao risco. Quando você se coloca em determinadas situações de pressão por diversas vezes, o seu cérebro aprende a reagir de um modo consciente ao estímulo. Por esse motivo, esportistas que arriscam suas vidas em esportes radicais, progressivamente vão tendo menos medo com as manobras que arriscam ou com a velocidade que experimentam. É claro que isso é uma faca de dois gumes, pois te deixa menos alerta aos perigos. Como o poker associa o risco a resultados positivos e negativos constantes, ele realiza um trabalho de prepará-lo para o risco, sem entretanto, nunca deixá-lo extremamente à vontade, pois a derrota ainda fará parte dos resultados, ainda que em menor escala.

O que faz que muitos esportistas fiquem "descuidados" é a sensação que nada pode dar errado. O mesmo acontece com os grandes operadores financeiros. A sensação de invencibilidade é o prenúncio dos maiores tombos.

Por esse motivo, o poker é perfeito para treinar o cérebro e os neurotransmissores dos homens de negócios. Te coloca frente a riscos calculados, aumentando o seu limiar de resistência, sem tirar o seu medo de perder.

No livro de Jonah Lehrer, *How We Decide* há uma extensa discussão sobre como nossas emoções podem afetar nosso poder de decisão.

Em uma determinada passagem, Lehrer fala sobre um paciente chamado Elliot, que tinha lesões no córtex órbito-frontal, que controla as emoções. Em teoria, ele deveria ser um excelente tomador de decisões. Sem emoções para modificar seus pensamentos, a teoria sugere que ele adotaria uma solução baseada na análise lógica dos fatos. Só que Elliot, assim como outros pacientes com lesões no sistema límbico, era um péssimo tomador de decisões. Conseguir uma resposta simples para uma pergunta, como qual comida escolher em um cardápio, poderia levar horas, por que Elliot passava um longo tempo pensando em todas as decisões possíveis. Ele não tinha inclinações emocionais para nenhum lado.

A sensação de uma comida ser saborosa, um cheiro ser agradável, uma pessoa confiável, vem do acúmulo de milhares de experiências ao longo do tempo que são armazenadas nessa área do cérebro. Perder o acesso as emoções, ao medo, a ansiedade, podem ser prejudiciais para as tomadas de decisões.

Quando objeto de estudos, os jogadores de poker demonstram um nível de atividade cerebral mais preparado para responder a situações de pressão, sem entretanto, perder as emoções e a intuição necessárias. A melhor maneira de entender é pensar no jogador de poker como um atleta que exercita o cérebro, e este tem alto rendimento.

Outros jogos, como o xadrez, podem desenvolver o raciocínio lógico, memória e rapidez de decisões, mas falta o elemento da pressão do ganhar ou perder tudo em uma mão, da pressão psicológica feita pelos adversários e da repetição constante mão a mão, dessas emoções.

Selecionando suas batalhas

Outro ponto importante no poker é saber selecionar de que tipos de jogos você quer participar.

Vou exemplificar com três situações que já vivi:

1. Fui convidado para participar de um torneio chamado BSOP Invitational. Eram apenas vinte jogadores, mas, entre eles, estavam os seis profissionais brasileiros do extinto Full Tilt Poker (na época o segundo maior site de poker do mundo): Leandro "Brasa", Christian Kruel, Raul Oliveira, Felipe "Mojave", Caio Pimenta e eu. Participavam também os profissionais internacionais Gus Hansen (campeão do WPT), Huck Seed (campeão do evento principal do WSOP e, portanto, um dos jogadores que já foram campeões mundiais), Luis Velador (campeão do WSOP), Mike Matusow (campeão do WSOP) e alguns dos melhores jogadores do Brasil, como Igor "Federal" e Juliano Maesa-

no. Não era necessário pagar para jogar, e apenas o primeiro colocado ganhava um carro zero quilômetro.

É claro que essa proposta de jogo é muito boa, pois não custa nada. Um retorno excelente para um dos jogadores com investimento zero.

Mas e se eu tivesse de pagar para entrar?

Nesse caso, pensaria várias vezes antes, pois os adversários eram muito fortes e apenas um levaria o prêmio.

Enfrentar uma concorrência muito forte com apenas uma pequena chance de colher os frutos é arriscado, e esse risco tem de ser analisado.

2. Quando comecei a jogar poker, meus amigos e eu nos reuníamos na casa do Leandro "Brasa" para jogar um torneio com dez a vinte pessoas, semanal, com *buy-in* de dez reais, e também para comer pizza. O torneio era muito divertido e dávamos boas risadas. Os adversários não eram fortes, e ninguém levava o jogo muito a sério.

Essa proposta era divertida, leve, mas nunca geraria um lucro que mudasse minha vida. Se fosse um negócio, eu estaria perdendo meu tempo e minha energia em algo que não me traria um retorno significativo.

Quantos negócios se apresentam a sua porta e você pensa que poderia realizá-los? No entanto, será que o tempo e o esforço valem o retorno que você espera ter?

3. Passei a jogar um torneio semanal, com cerca de cinquenta a cem jogadores, com *buy-in* de quinhentos reais e uma mistura de jogadores fortes e fracos num clube de poker, como o H2 Club, em São Paulo.

Nesse caso, existe, entre as três propostas apresentadas, a melhor em relação ao meu custo-benefício. Embora haja um equilíbrio entre jogadores fortes e fracos (que não ocorre no caso 1 ou 2), o retorno que posso ter me parece mais constante, fácil de atingir e relevante. Essas são as características dos jogos ou negócios em que quero entrar.

Antes de entrar num jogo de poker ou num negócio, muitos fatores devem ser considerados.

Olhando pela ótica dos negócios:

♦ Seus adversários são bons?

Em qualquer negócio você tem de conhecer seus concorrentes. Entender contra quem você está competindo e o que pode lhe dar vantagens é essencial. Preço? Comodidade? Estoque? Localização? Promoções?

♦ Você tem o capital necessário para jogar?

Todo negócio precisa de meios adequados para se financiar. E isso inclui todo o planejamento financeiro, não só para o início do negócio, mas também para passar por momentos ruins. Você tem de estar preparado para vencer e para perder de forma controlada.

♦ Existe uma expectativa de lucro?

Isso é muito óbvio, mas muitas vezes é deixado de lado por jovens empreendedores. É necessário fazer um plano de negócios e projetar as expectativas de retorno de modo conservador para verificar a viabilidade de seus investimentos.

♦ Você tem as habilidades necessárias?

Não basta uma boa ideia para fazer um negócio. Ao longo do livro, falarei das habilidades que você deve procurar desenvolver para o sucesso.

Qualidades comuns a um bom jogador de poker e a um homem de negócios:
♦ Sabem pensar de forma estratégica.
♦ São bons tomadores de decisões de forma lógica e coerente.

- ◆ Conseguem permanecer calmos sob pressão.
- ◆ São levados por um propósito e por uma vontade de competir e vencer.
- ◆ Sabem ler pessoas e analisar as situações sob a perspectiva dos oponentes.
- ◆ Aprendem a avaliar risco e retorno.
- ◆ Estão dispostos a arriscar todo o capital se têm convicção sobre uma ideia.
- ◆ Têm disciplina para combater as adversidades e recuperar-se de perdas.
- ◆ Encontram o momento de blefar e sabem esconder o jogo.

O poker me fez pensar em negócios de uma forma instintiva. Sem o brilhantismo dos cursos aprofundados de MBA, mas com o *feeling* natural para o sucesso.

Vivemos uma era em que todos que entram na disputa por um cargo trazem pelo menos dois idiomas na bagagem e um diploma universitário. Ter um MBA e falar inglês não é mais que a obrigação para o mercado. O diferencial de um bom executivo ou de um empresário está justamente em ter o "algo a mais" que não é ensinado nas salas de aula.

O conhecimento tácito desenvolvido através das relações com os colegas de trabalho, subordinados, clientes e fornecedores pode ser esse diferencial. Ter o *feeling* para os negócios, sentir o cheiro das boas oportunidades e desenvolver uma boa leitura de situações que se apresentam passam a ser habilidades que não se conquistam nas salas de aula, e sim na vivência do jogo.

Não quero que o leitor aprenda a jogar poker de um método tradicional com um livro de regras ao lado. Quero que venha comigo numa jornada e aprenda que o poker e os negócios podem nos ensinar lições para toda a vida. Elas nos mostrarão como alcançar o sucesso.

É preciso abrir a cabeça e mergulhar sem medo de mudar e quebrar paradigmas. Esqueça o preconceito e pense em como sugar o máximo dessa experiência.

A Unicamp foi a primeira universidade a incluir o poker como disciplina eletiva em sua grade. O curso ministrado pelo professor Cristiano Torrezan começou a ser ministrado em 2013 para alunos do campus de Ribeirão Preto.

4

Em busca de sonhos e metas

*O executivo de negócios é por profissão um tomador de decisões.
A incerteza é sua oponente. Superá-la é sua missão.*

John McDonald

ANTES DE COMEÇAR a pensar em negócios ou em ser vencedor no jogo de poker, precisamos parar para entender um pouco mais sobre nós mesmos, nossas motivações e o que nos impele.

Buscar é uma constante em nossas vidas. O próprio tempo é responsável por nos manter numa direção única. Sempre adiante.

Algumas pessoas têm o péssimo hábito de se acomodar e não perceber que o fluxo da vida nos aponta sempre avante. Mesmo para aqueles que insistem em ficar parados, nosso corpo se compromete com a mudança. Envelhecemos dia a dia e podemos ou não aproveitar o aprendizado que nos é ofertado.

Passamos pela infância — quando aprendemos a ler e escrever, desenvolvemos nossa mente criativa e aprendemos a respeitar às regras básicas de convivência — e também a gerir melhor o volume de dados processados por nosso cérebro em evolução.

Na adolescência, evoluímos aperfeiçoando os conhecimentos, adquirindo cultura e passando pelos primeiros desafios reais de socialização, com amizades e relacionamentos fora da esfera familiar e escolar.

E, seguindo o fluxo natural, chegamos à fase adulta, quando chegam também todas as responsabilidades e é tempo de tomar decisões que podem nortear o restante do nosso caminho.

Nesse início da vida, é muito comum sonharmos.

Nessa fase, os sonhos parecem possíveis, ou pelo menos é possível acreditar neles. Por que, então quando crescemos, perdemos contato com esses anseios?

O principal motivo é que a realidade se apresenta batendo a nossa porta, e às vezes entramos num ciclo em que, ao tentar resolver os problemas do nosso cotidiano, nos esquecemos de sonhar ou, ainda pior, não diferenciamos os sonhos de nossas metas. Confundimos o real e o imaginário e deixamos de lado o sonho em prol de sobreviver à rotina.

O movimento contínuo do presente para o futuro é implacável, e o tempo está passando. O cerco parece se fechar ao seu redor, e a cada dia parece mais difícil voltar a sonhar.

Podemos ser impulsionados pelo tempo ou nos propulsionar pelos sonhos. A escolha é nossa.

Mas o sonho é apenas o começo. O processo que o leva à realização é que é o grande x da questão.

No livro Em busca do sonho: vinte anos de aventuras da família Schürmann *(Record), Heloisa Schürmann relata como ela e o marido, Vilfredo, até os 26 anos e com dois filhos, nunca haviam pensado em sair em aventuras velejando — aliás, ela conta que nunca haviam velejado. Foi no Natal de 1974, em uma viagem de férias por St. Thomas, no Caribe, que fizeram seu primeiro passeio a bordo de um veleiro. Se apaixonaram pelo mar e, em um pôr do sol romântico, conversaram sobre um sonho: um dia retornariam a St. Thomas, só que no próprio barco.*

A partir desse dia, com o sonho na cabeça, eles começaram um planejamento cuidadoso e longo, que incluía muito trabalho em suas profissões de origem (Vilfredo era proprietário da Schürmann Projetos e Consultoria, e Heloisa, de uma escola de inglês), além do estudo que ia desde a leitura de livros sobre aventuras no mar até cursos de navegação e metas bem traçadas.

Uma das lições ensinadas foi a de que, se você tem um sonho, deve criar um marco inicial para ele. Foi assim que, com seu segundo filho de apenas um ano

EM BUSCA DE SONHOS E METAS

de idade, eles agendaram a data da partida para sua navegação pelo mundo para 13 de abril de 1984, data do aniversário de dez anos de David.

O interessante é notar como suas vidas e também a de seus filhos acabaram girando em torno desse sonho e como foi o processo para atingir as metas que o tornariam possível dez anos depois. Em apenas um curto capítulo, ela resume os passos até o início da primeira viagem da família ao redor do mundo a bordo de um veleiro. Dois anos inteiros no mar. Isso tudo começando em 1984, uma época sem internet, celulares ou GPS avançados. O livro segue contando um pouco dos vinte anos que a família teve com aventuras pelo mar a partir desse ponto. Mas acho que o maior ensinamento foi como perceber a chegada de um sonho e traçar metas para alcançá-lo. E o principal: uma vez lá, vivê-lo intensamente.

Quando falo do poker como uma parábola para o sucesso nos negócios, podemos pensar também em como essa família conseguiu transformar seu sonho em um meio de vida, uma aventura e, ainda por cima, em um grande negócio com patrocinadores, quadro em um programa dominical como o Fantástico, filme sobre suas viagens, palestras motivacionais e livros.

Sonhos e metas

E qual é a importância das metas? Como uma meta é diferente de um sonho e até que ponto estamos falando da mesma coisa?

Há um momento em que já é tarde demais para sonhar? Para buscar novas metas?

Como descobrir o que é qualidade de vida? E como atingi-la, quando a "selva de pedra" clama por nós diariamente, querendo nos engolir e atacar?

Aqui chegamos ao ponto em que temos de dar uma pausa e pensar no tamanho dos nossos sonhos.

Existem diversos profissionais que buscam uma carreira num emprego formal, em que provavelmente trabalharão muito, serão bem remunerados pelo trabalho, mas na prática estarão remunerando com um lucro ainda maior os donos das empresas. São aqueles que preferem trocar o risco que uma vida de empresário apresenta pela segurança de um emprego com salário fixo no fim do mês, independentemente de a empresa ter ou não lucro.

Não há nenhum problema em perseguir uma carreira como funcionário de uma empresa, principalmente naquelas em que a possibilidade de um plano de crescimento é real. Grandes empresas são formadas por talentos no quadro de funcionários.

Fiz medicina por vocação. Queria ajudar pessoas, contribuir com meu conhecimento, diminuir sofrimentos e tentar curar doenças. Mas como funcionário, conseguia fazer menos que queria. A realidade para mim era outra. Infelizmente, como médico, não conseguia criar vacinas, ou internar crianças que o plano de saúde não aprovava. Era frustrante.

Eu trabalhava pelo salário. E não tentava trabalhar na medida dos meus sonhos, mas na das minhas contas.

Você se identificou com esse cenário em algum momento da vida?

Eu trabalhava dia após dia para pagar minhas despesas mensais e minha poupança. Isso mesmo, meu planejamento para o futuro se resumia a separar uma parte dos meus rendimentos e investir de alguma forma. De início, era uma previdência privada. Depois, flertei com o mercado de ações pelo *home broker* de uma corretora on-line.

Mas essas atitudes estavam longe do tamanho dos meus sonhos.

Vamos imaginar um salário de dez mil reais por mês. Com esse nível salarial, dá para ter uma vida confortável, sem exageros. Se você conseguir poupar 10% desse salário todos os meses e investir todo o montante, levaria cerca de vinte anos para alcançar seu primeiro milhão, o que equivale a 240 aplicações de mil reais mensais, imaginando um retorno de 1% ao mês.

Agora, como chegar lá se no caminho você encontra diversas distrações? Um carro de cinquenta mil reais, uma viagem de férias que custará em torno de 15 mil reais, um apartamento ou sua casa própria, por volta de 250 mil reais?

Imagine se você tiver sonhos um pouquinho mais caros que esses... Você quer um carro que está na casa dos cem mil reais ou um apartamento de quatro quartos que custa cerca de oitocentos mil reais? Como conseguir pagar seus sonhos juntando de mil a dois mil reais por mês?

Estamos falando do valor monetário de alguns dos sonhos mais comuns dos brasileiros: carro, casa própria, viagens etc.

EM BUSCA DE SONHOS E METAS

Aqui começamos a confundir conceitos, porque muitos já começaram a pensar em planejamento. Ter um sonho e planejar como chegar lá é o mesmo que traçar metas, certo? Errado.

Vamos clarear um pouco:

♦ Você tem um sonho. Digamos: ter o seu próprio negócio.

♦ Traça metas: "Tenho o prazo de um ano para montar a minha empresa e começar a operá-la. Primeiro preciso criar o modelo de negócios. Preciso então apresentá-lo para investidores. Abrir a empresa. Contratar funcionários."

♦ Planeja: "Tenho de separar algumas horas do meu dia para poder trabalhar no meu novo projeto enquanto acumulo as funções com meu atual trabalho. Tenho de separar uma hora para pesquisar o mercado. Preciso listar vários fornecedores e marcar reuniões para fazer orçamentos. E, então, tenho de fazer o projeto do meu produto e decidir preços e estratégias para venda. Somente com a primeira meta cumprida, tendo meu plano de negócios, poderei começar a buscar investidores."

De maneira crua, seu planejamento o ajudará a atingir suas metas. Completando as metas ao longo do tempo, você conseguirá, em última instância, realizar seu sonho maior.

No entanto, para traçar metas que consigam levá-lo ao sonho, é importante baseá-las em princípios.

Lembra-se das metas de ano-novo? Somente porque o dia 31 de dezembro chegou, você promete que perderá peso, parará de fumar ou que correrá uma maratona. E acha que tudo isso acontecerá magicamente a partir do novo dia que começa.

Essas metas são traçadas com base em ilusões. Ninguém para de fumar da noite para o dia; você precisa se desintoxicar, e esse é um processo lento. Perder peso é uma questão de reeducação alimentar e também de uma boa rotina de queima de calorias. Para correr uma maratona, uma longa preparação se enseja, que vai além de simplesmente começar a praticar exercícios leves regulares (uma meta bem mais real).

Sem ter princípios, as metas, além de serem ilusões, não o farão alcançar seus sonhos. Você pode até querer fazer a coisa certa pelas razões certas, mas se não aplicar corretamente os princípios, fatalmente não chegará lá.

Para estabelecer metas é importante seguir algumas regras.

Em primeiro lugar, a meta deve especificar o que você quer, e não o que você quer evitar. Um exemplo clássico acontece com o hábito de fumar. Se você estabelece uma meta falando da seguinte forma: "Quero parar de fumar", o seu inconsciente estará focado em fumar. Para traçar a meta, você deve encontrar seu objetivo — por exemplo, parar de fumar para ter uma saúde melhor. Você deve se perguntar qual o seu objetivo para conseguir traçar metas que lhe permitam chegar até lá.

Esse destino final deverá ser bem especificado, ou seja, você deve dizer claramente que marco determina que você atingiu sua meta. Com metas abstratas, pode ser um pouco mais difícil visualizar um marco. Por isso, é extremamente importante repensá-las, para visualizar um ponto tangível que possa lhe dar a certeza de que a meta foi cumprida. No caso de um fumante que decidiu parar para melhorar sua saúde, o cumprimento da meta pode ser algo como: após ter abandonado o fumo, completar uma série de exercícios que você não conseguia fazer quando era fumante. Para alguns, pode ser algo como subir uma escada sem ficar extenuado, ou, para outros, correr uma maratona. O marco que atesta que você atingiu seu objetivo fica claro e fácil de ser determinado como sucesso ou fracasso.

Analise as consequências de atingir suas metas. Quais vantagens e problemas você poderá enfrentar? Como lidar com as dificuldades pelo caminho? Escreva em um papel os prós e os contras. Analise com imparcialidade.

Utilizando ainda o exemplo de parar de fumar, não há dúvidas de que o cigarro só traz malefícios para a saúde de qualquer indivíduo. Mas será que durante o processo de abstinência não pode haver um prejuízo imediato maior? Ansiedade? Alteração de sono e apetite? Irritabilidade? Como lidar com esses sintomas? Em alguns casos, eles podem tornar o processo inviável em uma determinada fase da vida.

EM BUSCA DE SONHOS E METAS

Depois de analisadas essas questões, para traçar metas é importante disponibilizar os recursos, o tempo e seu plano de ação para atingi-las.

E onde o poker entra nessa história toda?

Somente com o poker fui entender essas diferenças e aprender a me focar. Eu tinha sonhos demais, metas pouco específicas e um planejamento que se alterava como as fases lunares.

O poker me ajudou a me organizar de um modo quase matemático e a entender que uma meta, para ser alcançável e frutífera, tem de ser baseada em:

◆ Fazer a coisa certa;

◆ Pelo motivo certo;

◆ E da forma certa.

Stephen Covey, em seu livro *Primeiro o mais importante*, diz que, para traçar metas, precisamos exercitar alguns princípios:

◆ Consciência: saber qual é a paixão por trás de sua meta. No meu caso, aumentar minha banca para o poker, um jogo de que aprendi a gostar e que queria continuar praticando.

◆ Imaginação criativa: o poker me permitia enxergar a possibilidade da realização por diversas formas. Exemplo disso é que eu podia jogar *sit and go's* e, com o lucro, investir num torneio mais caro para tentar um salto. Ou, então, jogar várias mesas bem baratas de centavos, para tentar equilibrar ganhos e perdas e diminuir a variância de entrar com tudo numa única mesa.

◆ Autoconsciência: tornar minhas metas realistas. Isso me mantinha longe de jogos que eu não dominava (como Omaha, uma modalidade que na época eu não conhecia) e me impedia de entrar em jogos em que uma porcentagem grande da minha banca seria arriscada.

- Força de vontade: correr com seriedade atrás das metas. Com meu plano traçado, no momento em que me sentava para jogar, tinha de me comprometer a dedicar uma hora de atenção integral, para não cometer erros de estratégia enquanto jogava.

Disciplina

Eu tinha consciência das minhas limitações e, por isso, ao contrário de muitos amigos, não jogava partidas de valores altos.

Trabalhava muito mais, sabendo que meu retorno também era menor. Preferia me manter em níveis que eu sabia que podia vencer e ir colhendo os frutos vagarosamente.

Quanto mais lia a respeito, mais estratégias eu começava a experimentar para alcançar a meta de aumentar minha banca.

Estava desenvolvendo minha educação para o poker, assim como devemos nos educar financeiramente, além dos conhecimentos básicos para sobreviver no mundo dos negócios.

Sem perceber, comecei a ser realista em relação às metas que traçava para o poker. Não acordava pensando em dobrar minha banca ou em jogar por jogar. Depois que estipulei a meta de aumentar minha *bankroll* aos poucos, me ative às estratégias traçadas e procurava sempre maneiras criativas de desenvolver outras, novas.

Perceba como eu cumpria as expectativas de uma meta:

- Fazia a coisa certa: jogava em níveis que conseguia ganhar.

- Pelo motivo certo: para não arriscar demais em níveis maiores e perder tudo.

- Da forma certa: com disciplina, sem me boicotar e sendo verdadeiro na anotação dos meus resultados. Estudando nos intervalos e procurando revisar meu planejamento.

> *O quê?*
>
> *Minha meta é aumentar minha banca.*
>
> **Por quê?**
>
> *Para poder continuar jogando e me divertindo.*
>
> *Para ganhar dinheiro.*
>
> *Para vencer.*
>
> **Como?**
>
> *Estudando.*
>
> *Jogando de acordo com o planejamento.*
>
> *Aplicando na prática a teoria que aprendi.*
>
> *Aperfeiçoando minhas habilidades dia a dia com o jogo.*
>
> *Fazendo meu corpo e minha mente trabalharem em conjunto.*
>
> *Tendo disciplina e foco.*

Um conceito importante ao traçar metas é entender a diferença entre determinações e concentrações. Na época em que comecei a jogar poker, a maior parte do meu tempo estava voltada para a medicina. Essa era uma área de concentração das minhas energias e do meu foco.

Eu ganhava dinheiro com o meu trabalho e precisava melhorar constantemente — PAUSA! Precisava mesmo? Será que muitas vezes não chegamos a um ponto de nossas vidas em que colocamos nossas atividades profissionais no piloto automático e deixamos que elas sejam dirigidas pela segurança que proporcionam?

Retornando: a medicina era a minha área de concentração de energia, enquanto o poker era uma determinação. Por isso, as metas para o jogo exigiam mais esforços e disciplina.

Metas que envolvem sua área de concentração de foco costumam ser mais simples de cumprir.

Esses exemplos serviram apenas para mostrar como o poker começou a me fazer enxergar a importância de traçar metas. Toda a teoria de organização pessoal pede que você trace metas de longo, médio e curto prazo.

Passei, com o poker, a ter metas diárias (comprometendo-me a estudar e a jogar tantas horas por dia), semanais (atingir determinado número de mãos e alcançar uma lucratividade preestabelecida) e de longo prazo (subir de nível no jogo).

Todavia, antes de aprender sobre metas e sonhos do ponto de vista dos negócios, foram jogadores profissionais de poker que me deram o exemplo.

De zero a dez mil dólares (ou cem mil)

Chris Ferguson, um jogador diferenciado tanto na habilidade (que o levou a ser campeão mundial em 2000) quanto na aparência física, com um longo cabelo castanho e, muitas vezes, também barba (que lhe renderam o apelido de Chris "Jesus" Ferguson). Sempre usando um chapéu e um sobretudo pretos, ele acredita que o segredo no poker é manter sempre o mesmo rosto impassível e sem emoções (a tão famosa *poker face*), a mesma postura relaxada e calcular suas chances matemáticas em cada mão.

Ele é completamente obcecado pelo lado matemático do jogo, e isso tem relação com sua formação em ciência da computação pela Universidade da Califórnia.

Seu exemplo começa quando propôs um desafio a si mesmo. Para demonstrar sua habilidade e provar que com planejamento e estabelecimento de metas de curto, médio e longo prazo é possível atingir objetivos aparentemente improváveis, Chris resolveu começar do zero.

Todo jogador de poker se depara com a dificuldade de fazer sua banca crescer de modo gradativo e constante. Muitos iniciantes acham que os profissionais só obtêm sucesso porque já têm uma banca suficiente para se manter pagando os *buy-ins* dos grandes torneios.

Ele, que já ganhou milhões de dólares em sua carreira, resolveu ir de zero a dez mil dólares jogando poker on-line.

Isso mesmo: começando sem dinheiro e entrando apenas em jogos gratuitos (chamados *freerolls*), Ferguson pretendia aumentar sua banca gradativamente até atingir os dez mil dólares. Uma das maiores dificuldades está

EM BUSCA DE SONHOS E METAS

no fato de os tais *freerolls* normalmente terem milhares de jogadores participando e só uma pequena porcentagem consegue ganhar algum dinheiro.

Chris estabeleceu uma série de regras para não colocar em risco sua banca ao longo do caminho. Por exemplo, nunca poderia arriscar em determinado jogo mais do que 5% do total de sua banca atual. Em torneios, a regra era ainda mais rígida: ele não podia entrar em torneios cujo *buy-in* representasse mais que 2% de seu total. As exceções eram os torneios de um dólar ou *sit and go's* e *ring games* com *buy-in* menor que 2,50 dólares (porque não conseguia encontrar jogos mais baratos que esses).

E havia uma regra para ganhos também. Se ele estivesse sentado numa mesa e os ganhos ultrapassassem 10% de sua banca, ele tinha de levantar do jogo e garantir o lucro.

Ferguson começou em abril de 2006 e jogou durante sete meses em *freerolls* até atingir a marca de 6,50 dólares em sua banca. Começou, então, a jogar *sit and go's* e *cash games* de centavos.

Em novembro de 2006, conseguiu chegar em segundo lugar num torneio de um dólar com 683 participantes, levando um prêmio de 104 dólares.

Nesse momento, então, ele poderia começar a entrar em *cash games* com máximo de cinco dólares de *buy-in* e torneios de dois dólares.

E, mesmo com esse grande aumento na *bankroll*, ainda levou mais nove meses até atingir a marca dos dez mil dólares, em setembro de 2007. Ou seja, mais de um ano para completar seu desafio, com diversas metas intermediárias. Mas seu planejamento e sua disciplina, aliados ao seu conhecimento do jogo, o fizeram completar com sucesso a empreitada.

Após atingir o objetivo, Chris doou todos os seus ganhos para uma instituição de caridade.

Em 2013, um profissional português chamado André Coimbra traçou um desafio ainda mais impressionante. Em um ano, transformar uma banca de apenas cem dólares em cem mil dólares jogando poker on-line. Sem entrar em maiores detalhes, André também estabeleceu metas e regras para o seu desafio, e documentou seu progresso em um blog no seu site (HTTP://www.acoimbra.pt). Ao final de um ano de desafio, André conseguiu levantar cerca de 75 mil dólares. Uma derrota? Depende do ponto de vista. Foi muito interessante acompanhar todo o desafio, as diversas microvitórias, os momentos em que ele desanimou, mas o planejamento o manteve na linha correta. Assim como Chris, André doou todo o lucro que conseguiu com o projeto a uma instituição de caridade.

Buscar exemplos e histórias que ajudem a apoiar seus sonhos e a traçar metas é uma boa maneira de se manter concentrado e estimulado.

Sendo o poker um jogo competitivo, aos poucos minhas metas foram evoluindo. Em 2005, após a primeira temporada do Circuito Paulista, coloquei na cabeça que queria ser campeão paulista.

Para isso precisava ter metas como:

◆ Participar de todas as etapas

◆ Focar em ter boas colocações em cada torneio

◆ Estudar adversários

No ano seguinte, fiz seis mesas finais, cheguei em terceiro num torneio e fui vice-campeão de outra etapa, até conseguir meu primeiro título importante: campeão paulista de Texas Hold'em.

Depois, tracei uma meta de vencer um torneio em Las Vegas. Minha primeira viagem foi apenas para ganhar experiência, e eu mal tinha dinheiro para fazer o *buy-in* em torneios maiores.

No ano seguinte, retornei com outra mentalidade e preparado para participar de mais eventos.

Viajamos, Leandro "Brasa", Pedrinho Todorovic e eu, para jogar o Wynn Classic, série de torneios num dos maiores cassinos de Las Vegas, o Wynn.

Logo no primeiro dia, cheguei em primeiro lugar num torneio. Mostrando que o foco e a estratégia estavam adequados, nos dois dias seguintes também cheguei à mesa final, alcançando o quarto e o nono lugares.

Foram três dias, três torneios e três mesas finais. Mais de quarenta mil dólares em prêmios (quase o que eu ganhava em um ano como médico).

EM BUSCA DE SONHOS E METAS

Conforme alcançava as metas, reposicionava-as um pouco acima. Um dos meus maiores sonhos depois que comecei a jogar poker era ser reconhecido por um grande site e ser contratado como profissional.

Ao longo dos anos, fui contratado por alguns sites como o Martin Poker, o site brasileiro/argentino Tower Torneos e o Bestpoker, da rede Ongame.

Em 2010, virei profissional do segundo maior site de poker do mundo naquela época, o Full Tilt Poker. Para chegar até lá, não foi só o poker jogado que contou. Aliás, acho que ele contou menos nesse processo. Entrei para o time do Full Tilt graças a todo o trabalho de divulgação que fiz por meio dos meus livros, torneios e do site pessoal.

Os sites de poker não querem apenas bons jogadores como representantes de sua marca. Querem jogadores que possam dar visibilidade e ajudar a marca a se propagar. Novamente fui aprendendo lições de negócios naturalmente com o poker. Marketing pessoal e sucesso andam de mãos dadas. Mais um sonho alcançado. Novo sonho no horizonte, metas reposicionadas. Me tornar um escritor e publicar livros regularmente.

Lançar o primeiro livro começou como um sonho, um blog pessoal, onde eu ia contando aos poucos histórias sobre as minhas experiências com o poker, e escrevendo artigos para a revista *Cardplayer*, esses em sua maioria com uma função didática, abordando algum tema técnico sobre o esporte. O convite veio de um editor que percebeu a oportunidade de lançar uma obra voltada para o público do poker. A pequena editora Novera me fez o convite, e comecei o trabalho de escrever meu primeiro livro. Planejamento e cronograma foram fundamentais para a realização, já que tinha que conciliá-la com outras atividades na época. Eu ainda dava plantões médicos, e muitos dos capítulos foram escritos em intervalos nas madrugadas em hospitais.

Depois do primeiro livro lançado, minha meta passou a ser continuar produzindo textos de qualidade e lançar um novo livro a cada dois anos. Com esta obra, *Dando as cartas nos negócios*, estou lançando meu quarto livro em oito anos. Meta alcançada!

Minhas metas foram se modificando, e o interesse por jogar poker diminuindo de modo inversamente proporcional à minha vontade de criar mais negócios em torno do poker.

O meu lado empresário falava cada vez mais forte, e aos poucos, me desinteressei por ser um jogador profissional de poker, mas continuava fascinado pelo jogo e pelas possibilidades que ele trazia para serem exploradas. Fui em busca de novos sonhos e metas. Apareci numa reportagem da revista *Istoé* que falava sobre pessoas que deram grandes viradas em suas vidas. As próprias histórias das outras pessoas que também estavam na reportagem me inspiraram a continuar fazendo as mudanças e dando as cartas na minha vida.

Você quer mudanças na sua vida. Planeje. Coloque metas e corra atrás de alcançá-las. Uma por vez.

Entre outras coisas, o estímulo mental que você ganha ao cumprir metas e ir galgando novos degraus o enche de confiança e o ajuda a continuar almejando ainda mais.

Visão periférica

É nisso que repousam a estratégia e a importância das metas que tracei. Para chegar ao meu sonho e ser reconhecido por um dos sites mais importantes do mundo, não segui o caminho tradicional de esperar a sorte bater à porta. Fui conquistando meta a meta. Abri portas utilizando a visão periférica. O poker e os meus negócios se misturaram, como veremos ao longo dos próximos capítulos. Um abriu as portas para o outro.

Ao falar de visão periférica acabo abordando o que acredito ser uma das habilidades mais importantes para o sucesso. Ter a visão periférica é o mesmo que saber enxergar uma situação de modo estratégico, olhando além do que está a sua frente.

Em uma partida de poker, os iniciantes olham apenas para as suas cartas. Jogam os seus jogos. Em um segundo momento, aprendem a jogar também com os jogos dos adversários. Já conversamos sobre esse processo ao falar do *metagame*.

Mas o grande jogador começa a aparecer quando olha além das próprias mãos que estão sendo jogadas. Deve enxergar o jogo de poker como uma série de mãos, em que a estratégia para acumular fichas ao longo do tempo tem maior importância que o resultado individual de uma mão.

EM BUSCA DE SONHOS E METAS

Muitas vezes o jogador com visão periférica deixa de jogar uma mão com a qual acreditava ter uma vantagem pequena, posicionando-se estrategicamente para um outro momento, no qual suas chances de ganhar são maiores.

A visão periférica vai ainda mais longe: perceber a estratégia dos adversários, o que o seu oponente deseja naquele momento.

Ao perceber que os sites de poker procuravam um jogador que pudesse transformar em mídia os seus feitos, decidi adotar uma estratégia que mostrasse aos potenciais contratantes qual poderia ser o retorno em marketing com a minha contratação. A estratégia incorreta seria apresentar apenas meus resultados como jogador.

Em um cenário de negócios, a visão periférica permite entender os objetivos dos seus concorrentes e também como eles irão reagir a suas ações. Imagine que você possui um concorrente com uma estrutura financeira grande o suficiente para estrategicamente manter os preços mais baixos para ganhar os clientes. Nesse caso, o pensamento imediato é que você também deve tentar abaixar os preços dos seus produtos para se manter competitivo no mercado, mas isso irá cortar as suas margens de lucro. E ao abaixar os seus preços, seu concorrente pode abaixar ainda mais os dele, o que levaria a uma guerra de preços onde ganhará aquele com o maior poder financeiro para sustentar esses valores. Talvez você seja até forçado a sair do mercado se mantiver essa política de guerra mercadológica.

Contra esse tipo de competidor, talvez sua melhor estratégia seja aumentar os seus preços! Sim, diferenciar seu produto com base em qualidade e serviço, e não no preço. E como seu oponente tende a reagir? Ele tende a colocar o preço num nível logo abaixo do seu, e assim a diferença entre os seus produtos diminui e a sua margem de lucro aumenta.

Você está utilizando sua visão periférica para prever a próxima jogada do seu concorrente.

O poker é uma das melhores formas de exercitar essa habilidade, já que praticamente a todo momento você tenta antecipar a ação dos seus adversários. Nesse sentido, jogar poker irá desenvolver a sua visão periférica.

Missão e visão

Ao pensar em metas, estamos falando dos objetivos que queremos alcançar, e se estamos pensando num mundo corporativo, vale lembrar que logo nos primeiros passos de uma empresa é muito importante definir a razão da sua existência e também os primeiros objetivos completos de longo prazo que ela quer alcançar. No mundo corporativo, isso significa definir a missão e a visão da empresa.

A missão é o porquê de aquela empresa ter sido criada, qual a função dela, o que se espera que ela dê ao mundo. A visão é o objetivo da organização. É aquilo que se espera ser em um determinado tempo e espaço.

A visão é como um plano que descreve o que a empresa quer realizar objetivamente nos próximos anos de sua existência. Não dá para confundir os dois termos; o primeiro é algo perene, que não muda ao longo do tempo, enquanto o segundo pode variar ao longo da vida da empresa.

Procure defini-las de modo claro e conciso, e ao mesmo tempo inspirador.

Já que citei missão e visão, vale a pena também falar sobre os valores de uma empresa. Esses são os princípios éticos que norteiam as ações. São regras morais que os sócios, funcionários, parceiros e colaboradores devem seguir. Normalmente, ao criar um negócio, você deve descrever tudo simultaneamente — sua missão, visão e valores. Possivelmente, sua visão irá mudar.

A diferença entre metas e objetivos pode ser entendida também de uma outra forma: o objetivo é *o que* queremos, meta é *quanto, como* e *quando*, ou seja, se mensura, se estabelece parâmetros.

Atualmente, muitos livros de negócios giram em torno do tema liderança e principalmente em demonstrar que toda liderança é compartilhada. E um dos aspectos mais diretivos para o exercício da liderança compartilhada é o estabelecimento da missão, da visão e dos valores da empresa. Sempre que qualquer pessoa numa corporação estiver em dúvida sobre o que fazer, como agir ou em que basear suas decisões, deverá recorrer a esses elementos como guia.

EM BUSCA DE SONHOS E METAS

Nossa vida não é uma empresa, mas também pode ser regida por princípios semelhantes. Acho que o grande resumo do que abordamos na discussão deste capítulo é exatamente isso — a intercambialidade dos negócios, com o poker e a própria vida, e como podemos organizar todos esses aspectos se pensarmos em objetivos e metas.

Ciclos

A vida é composta de ciclos. Programamos nossa semana de trabalho. Normalmente, temos atividades de segunda à sexta-feira e, depois, no fim de semana, descansamos. A grande maioria das pessoas planeja apenas a semana seguinte, ou, no máximo, as duas seguintes.

Reuniões, almoços de negócios, horário para exercícios, lazer com a família. Não se planeja o almoço de domingo com três semanas de antecedência (exceto, talvez, em datas especiais).

Dentro do dia, o ciclo se inicia com o acordar e percorre os hábitos diários, até o momento em que se encerra, quando nos deitamos para dormir. Quantas atividades são realizadas diariamente, de um modo até mesmo inconsciente? Simplesmente incorporadas a nossa rotina? Pare para pensar quantas ações você repete de forma quase robótica todos os dias da sua vida. Procure também pensar quais não deveria estar fazendo de forma tão automática, como cuidar da sua família.

Mensalmente, temos outro tipo de ciclo, em que, por exemplo, pagamos contas, fazemos algo especial como ir ao cinema ou cortar o cabelo etc. Essas atividades se repetem todos os meses e acabam se incorporando à sua rotina mensal.

E temos ainda os ciclos anuais, que se repetem com promessas e objetivos.

Trabalhe seus ciclos. Entenda a importância de identificar os ciclos de sua vida, tanto os de rotina quanto os de mudanças e avanços. Prepare-se para encerrar fases.

No poker, podemos pensar que, durante um torneio, temos a variação dos níveis de *blinds* (apostas obrigatórias). Quem já joga, sabe que o início, o meio e o fim de um torneio são excepcionalmente diferentes em termos de estratégia devido ao aumento dessas apostas. Suas metas para cada fase têm de ir se adaptando e se rearranjando conforme a necessidade.

Durante o início de um torneio, todos os jogadores têm uma quantidade de fichas grande em relação ao tamanho dos *blinds*. Com isso, tendem a ficar mais corajosos e a entrar em cada vez mais mãos, enganados pela aparente riqueza do tamanho de seus *stacks*.

Quando falo "aparente" é porque, com o passar do tempo, os *blinds* vão aumentando de valor, e aquele mesmo número de fichas que parecia imenso agora vale relativamente menos. Como a inflação comendo o valor do seu dinheiro. Você ainda tem o mesmo valor absoluto, mas agora vale relativamente menos.

E quanto mais os *blinds* sobem, mais a média de fichas dos jogadores em relação aos *blinds* tende a ficar menor. Enquanto na fase inicial a maioria dos jogadores tem mais de cem vezes o valor do *big blind* (no linguajar do poker dizemos 100BB) em seus *stacks*, na fase intermediária essa média cai para cerca de vinte a trinta *big blinds*. Na fase final do torneio, a questão maior deixa de ser a quantidade de *big blinds* no seu *stack* e passa a ser a grande diferença que existe na premiação a cada posição que você ganha com a eliminação de outros jogadores. E, claro, seu objetivo passa a ser coletar todas as fichas do jogo.

Saber jogar cada fase de um torneio é compreender que o torneio de poker segue um fluxo, e não adianta colocar a carroça na frente dos bois. É preciso ter muita paciência e seguir uma estratégia bem-definida para cada fase.

São pequenos ciclos predeterminados, que você deve planejar em tempos diferentes. E, no torneio seguinte, ciclos semelhantes se apresentarão. Cada torneio é como uma nova semana começando.

Trabalhe seus ciclos pessoais. Perceba como a vida é fluida e contínua, como uma sessão de poker.

Um dos grandes segredos que os profissionais aprendem é que não existem sessões de poker, mas uma única grande sessão em que seus

EM BUSCA DE SONHOS E METAS

resultados se somam e continuam. Ou seja, ganhar ou perder em determinado dia não importa, o que conta é o somatório de todos os seus resultados. O "longo prazo". O importante é ir somando mais vitórias que derrotas e ir crescendo dentro de seus objetivos diariamente.

O mesmo acontece com a vida. Quantas vezes você já se viu em uma situação que parecia grave demais e pesada demais? Passados alguns anos, você pode nem se lembrar mais dos apuros pelos quais passou e que pareciam insolúveis. Por outro lado, uma felicidade extrema de um momento pode parecer pequena com o passar do tempo. E essa sensação é fundamental na vida. Só assim o que você faz no presente se torna importante o suficiente, e não menor do que aquilo que você realizou no passado.

Prepare-se para cada um dos pequenos ciclos, com seus problemas e felicidades. Perceba que eles voltam e você deve recomeçá-los sem perder o foco em suas metas de curto, médio e longo prazo.

O sucesso que obtive é consequência do trabalho. Tudo começou como um sonho que foi se tornando possível graças ao planejamento para atingir as metas. Das menores e facilmente alcançáveis até aquelas que ainda hoje não atingi, todas estão dentro do plano traçado.

Para um jogador de poker, ou para um homem de negócios, sonhar é apenas o início da jornada.

Traçar metas é como entrar no jogo.

Focar-se no objetivo e jogar para ganhar é o caminho para atingir o sucesso.

5

Poker e as empresas

Grandes companhias fazem pequenas jogadas e pequenas companhias fazem grandes jogadas.

Peter Lynch

A PARTIR DESTE momento, o livro começa a seguir por três linhas diferentes. A primeira mostra como o poker pode ajudar em um ambiente corporativo, fortalecendo equipes e desenvolvendo habilidades essenciais para uma empresa.

A segunda fala sobre como os ensinamentos do poker podem ajudar uma pessoa a se tornar um empreendedor e se aventurar no mundo dos negócios.

E a terceira fala de mudanças pessoais que podem ajudar em carreiras em geral, como o que o poker pode ensinar sobre marketing pessoal e networking.

Desde 2012, comecei a desenvolver uma linha de palestras e workshops com empresas onde procuro trabalhar com equipes para desenvolver aspectos importantes para o crescimento individual e coletivo das instituições.

O poker é um jogo fácil de aprender e que agrega pessoas de diferentes idades e formações. Sendo assim, ele pode ser usado como ferramenta em eventos de relacionamento para promover a integração entre funcionários em um ambiente descontraído. Rapidamente todos estão envolvidos e se divertindo, e esse ambiente ajuda a criar e manter a coesão de equipes.

Entretanto, o objetivo principal com empresas não é colocar os funcionários para jogar, e sim trabalhar tópicos específicos por meio de exercícios e palestras direcionadas.

O poker é uma ferramenta de desenvolvimento para avaliação de risco, gestão de crises, resiliência, disciplina, foco, estratégia, leitura corporal, psicologia e raciocínio analítico e abstrato.

Para exemplificar como esse esporte pode ajudar no desenvolvimento de habilidades de uma equipe, vamos pegar o tópico resiliência.

Resiliência é uma propriedade física de materias que acumulam energia quando submetidos a algum estresse sem ocorrer ruptura e que, depois de cessado o estresse, retornam ao estado original, liberando energia.

Um exemplo fácil: um arco e flecha, que você puxa a corda até esticá-la e, ao soltar, ela devolve energia acumulada para movimentar a flecha, e a corda retorna a posição inicial. Outro exemplo clássico é a vara utilizada por atletas na modalidade de salto com vara.

Adaptando esse termo para o mundo dos negócios, resiliência é a capacidade de retornar ao estado normal depois de ter sofrido tensão. Suportar pressões corporativas sem prejudicar sua tomada de decisões. Aguentar perdas e continuar com o foco correto para corrigir os erros. Responder com calma e equilíbrio a situações de estresse.

Se pensarmos pelo ponto de vista do poker, a resiliência é a capacidade que um jogador tem de se recuperar após sofrer pressões.

Em outras palavras, o quão rápido um jogador consegue retomar seu melhor jogo após sofrer um revés do baralho, ou uma provocação, ou, ainda, perder grandes potes.

POTE: *Total de fichas apostadas em uma mão de poker.*

O conceito é certamente fácil de entender. No entanto, como trabalhar sua resiliência? Na física, os materiais tem algum grau de resiliência natural. É uma característica ou propriedade.

E quando adaptamos esse conceito para o poker e os negócios? Será que tem pessoas que nascem com mais resiliência ou isso é algo que pode ser aprendido e trabalhado ao longo do tempo?

O professor Paulo Yazigi Sabbag, da escola de administração de empresas da Fundação Getúlio Vargas São Paulo, desenvolveu um sistema para mensurar a resiliência de um indivíduo. De acordo com essa escala, o nível de resiliência de uma pessoa pode ser avaliado através de nove fatores. Portanto, para trabalhar a resiliência devemos procurar desenvolver esses fatores individualmente. E o poker pode ser uma ferramenta para exercitar alguns desses aspectos. A vantagem do poker é poder expor o indivíduo a situações que trabalhem esses fatores, em um ambiente diferente daquele do trabalho.

Os fatores que contribuem para a avaliação do nível de resiliência são:

1- Autoeficácia

Crença na capacidade de organizar e executar ações que produzem os resultados esperados (não confundir com autoconfiança). A soma da confiança e da eficácia costuma levar a proatividade. A melhor maneira de trabalhar esse aspecto é realizar projetos de forma sistemática. No poker, seria planejar o seu roteiro de jogos, se manter dentro do orçamento projetado e seguir o seu plano estratégico para os torneios.

2- Solução de problemas

Característica fundamental presente nas pessoas capazes de organizar o pensamento de forma lógica e assim planejar soluções para reverter problemas e situações difíceis. No poker, deve ser praticada repensando jogadas e vendo maneiras alternativas de jogá-las. O trabalho deve ser constante na busca de alternativas. Não se contente com o modo como a mão foi jogada. Pergunte a si mesmo coisas como: e se eu tivesse desistido da mão? O que aconteceria? E se eu apostasse tudo? E se eu blefasse?

3- Temperança

Aqui falamos de como controlar raiva e ansiedade. Os jogadores impulsivos costumam perder para o tilt e colocar horas de trabalho no lixo.

> **TILT:** *Quando o jogador perde o controle emocional e começa a jogar mal movido pela emoção.*

Mas como aprender a se controlar? As medidas são várias, desde ouvir uma música relaxante, a levantar e ir jogar água no rosto ou dar uma volta para espairecer a cabeça.

Em um torneio de poker, levantar a cada uma hora, fazer um pequeno alongamento. Outro ponto importante é que, para ter um maior autocontrole, praticar exercícios físicos é muito bom também. O condicionamento físico ajuda no mental.

Perder a cabeça no ambiente de trabalho costuma trazer consequências, principalmente no que diz respeito ao relacionamento em equipe.

O poker é uma boa maneira de praticar, porque ele colocará pessoas que tem pavio curto em situações de estresse por repetidas vezes, permitindo que ela procure controlar o ímpeto e trabalhar a temperança.

4- Empatia

Significa aprender a colocar-se no lugar do outro, compreender uma situação pelo outro lado. Perceba como é muito importante no poker aprender a enxergar o que outras pessoas pensam, para saber jogar cada situação. O trabalho de empatia tem relação com o que você precisa passar em uma mesa para não se tornar um alvo de ataques de adversários. É fato conhecido que jogadores que mantêm semblantes fechados costumam ser mais atacados por jogadores agressivos do que aqueles simpáticos à mesa. Como trabalhar sua imagem através de pequenas atitudes com adversários é uma maneira de desenvolver sua resiliência.

5- Proatividade

Significa aprender a agir antes mesmo do problema bater à porta. Os indivíduos reativos só agem depois do problema instalado. O proativo busca a solução antes mesmo da necessidade surgir. Essa é uma área que o coaching no poker pode ajudar. O coach ajuda o jogador com a experiência que tem. A proatividade está em procurar se desenvolver, procurar o mais experiente. Ouvir essa voz de quem já passou por diversas situações.

6- Competência social

Capacidade de buscar apoio externo nos momentos de estresse. Engloba tanto ter abertura para receber apoio (em vez de tentar resolver tudo sozinho), quanto buscar ajuda proativamente no seu networking (consultar um especialista amigo, por exemplo).

No poker, dá para entender facilmente como o trabalho na esfera da competência social é fundamental. Você precisa discutir suas jogadas, ouvir jogadores mais experientes e se abrir para mostrar suas fraquezas e erros. Sozinho, você terá mais dificuldade em evoluir o seu jogo. Discussões em grupo de técnicas e mãos ajudam a abrir a cabeça sem ser a respeito de um assunto de trabalho, facilitando a adesão do grupo.

7- Tenacidade

Capacidade de persistir. De levantar e tentar de novo. No nosso mundo, cair de um torneio, abrir o próximo com o mesmo empenho e começar a trabalhar de novo. O jogador tenaz que consegue mesmo numa sequência ruim de resultados, seguir seu plano e continuar jogando focado.

8- Otimismo

Parece lugar-comum, mas manter uma atitude positiva, acreditar na sua vitória e saber aonde quer chegar, dizendo para si mesmo que vai chegar lá, são características fundamentais nas pessoas resilientes.

Perceba que grandes campeões, como André Akkari, ou o canadense Daniel Negreanu (eleito em 2014 o melhor jogador da década), estão sempre sorrindo e confiantes. Isso os ajuda nos momentos mais difíceis. É um esforço mental manter o otimismo mesmo quando a situação não é favorável. No poker, o otimismo também tem de aparecer naquela situação que você fica com poucas fichas e não pode desistir enquanto ainda houver fichas na sua frente.

9- Flexibilidade mental

Aqui trata-se de conseguir pensar em opções e aceitar seguir caminhos diferentes do inicialmente escolhido. O indivíduo não resiliente persiste no erro, não está aberto a ouvir a crítica e continua agindo da mesma forma. É comum no poker jogadores continuarem insistindo em jogadas contraintuitivas e se fechando a ouvir uma opinião mais técnica?

No mundo dos negócios se fala muito em fazer atividades ligadas à criatividade, como um curso de teatro e até mesmo videogames. Jogar, trabalhar o lado lúdico e aprender a pensar fora da caixa.

A Google tornou conhecido por todo o mundo o conceito de desenvolvimento de equipe através do estímulo a um ambiente descontraído, atividades lúdicas e jogos em equipe, incluindo poker.

Desenvolver uma equipe é um trabalho que necessita de esforços individuais e coletivos. Competitividade é fundamental tanto para o crescimento intrínseco em uma organização, quanto para o extrínseco.

Para as empresas o poker se encaixa perfeitamente pois utilizando-o como ferramenta, é possível trabalhar em grupo, em uma atividade descontraída mas ajudando também no desenvolvimento de habilidades individuais o simples fato de observar os colaboradores enquanto praticam o poker.

Nos workshops feitos com grupos em empresas sempre aparecem para os gestores características que não haviam sido percebidas em membros da equipe.

No meu site, leobello.com.br há mais informações em uma seção apenas para empresas sobre workshops, palestras e eventos de relacionamento.

6

Ter seu próprio negócio: saindo da corrida de ratos

Vim, vi e venci.

Júlio Cesar, imperador de Roma

BEM, AGORA CHEGOU o momento de introduzir alguns dos personagens que ajudaram a compor a história de sucesso que deu origem a esta obra. Eles poderiam até ser relatados com nomes fictícios, pois, para o objetivo do livro, o mais importante é que você perceba a parábola e as relações com sua própria vida, com base nos conceitos do poker aplicados aos negócios. Os nomes aqui citados podem soar desconhecidos para a maioria das pessoas que não estão familiarizadas com o poker. Os que estão envolvidos com o esporte, contudo, reconhecerão que são astros de primeira grandeza. São ídolos e pessoas que ajudaram a popularizar a atividade no Brasil e conquistaram títulos e prêmios importantes nacional e internacionalmente. Acho justo dar crédito a pessoas que tiveram tanta importância para a formação do poker no país.

Era uma terça-feira comum no ano de 2005. O local era um dos primeiros clubes abertos de Texas Hold'em em São Paulo. O nome era Paradise e ficava no bairro do Itaim Bibi, na rua Clodomiro Amazonas. Já naquela época, cerca de cem pessoas participavam dos torneios oferecidos toda noite pelo clube, muito embora fosse uma época de incertezas. O poker

TER SEU PRÓPRIO NEGÓCIO

estava começando no Brasil, e havia falta de informação sobre a legalidade da prática nos clubes. Mas que bom que alguns pioneiros resolveram abraçar a causa e desenvolver uma grade de torneios para os praticantes. Leandro "Brasa" (meu primeiro personagem) e eu tínhamos vindo de outra cidade para jogar um desses torneios. O que narro aqui, especificamente, tinha um *buy-in* de 250 reais, e o primeiro colocado ganhava algo em torno de cinco a seis mil reais. Como estudávamos o jogo e conversávamos sobre estratégia, ao menos em relação à técnica, naquela época, estávamos à frente da concorrência, quero dizer, dos adversários, e por esse motivo valia muito a pena frequentar esses torneios. Quase toda semana trazíamos algum prêmio para casa. Aliás, grande parte dos ganhadores daquele ano de 2005 se tornaram referência para a nova geração de profissionais e tiveram muito sucesso nos feltros. Algo como a "velha guarda" do poker nacional.

Leandro "Brasa" nasceu em 1977, em Brasília, e passou boa parte da infância e adolescência na cidade. Flamenguista, formou-se pela Universidade de Brasília (UnB) em relações internacionais, e seus caminhos profissionais o levaram a trabalhar na Motorola, em Jaguariúna. Foi lá que sua história com o poker começou a surgir. Nos horários de almoço, sentava-se com alguns amigos para jogar o Texas Hold'em. E, desses encontros quase diários, surgiu a vontade de organizar um campeonato para amigos num fim de semana, com um churrasco.

Foi nesse torneio que conheci o Leandro, e daí em diante nossas vidas começaram a mudar radicalmente. O torneio acabou se tornando a primeira etapa do Circuito Paulista de Texas Hold'em, hoje o maior campeonato regional do país, que determina o campeão do estado de São Paulo na modalidade. Brasa abdicou de seu trabalho na Motorola para se dedicar à empresa que criamos e também a sua bem-sucedida carreira de jogador profissional, que inclui, entre outras conquistas, a primeira mesa final (quarto lugar) de um brasileiro no campeonato mundial, o primeiro título de um brasileiro num torneio com um milhão de dólares em premiação na internet, um título de campeão brasileiro, um de campeão paulista, e a contratação pelo Full Tilt Poker para representá-lo como um de seus profissionais. Além, é claro, da criação e do desenvolvimento do maior campeonato do país, o Brazilian Series of Poker (BSOP).

Os resultados eram a maior prova da diferença de qualidade técnica que existia no início da popularização do poker no Brasil — era raro uma semana em que um de nós, ao menos, não voltasse com os bolsos mais cheios. Essas viagens eram muito lucrativas, e normalmente éramos acompanhados também por Igor "Federal", empresário do ramo de escolas de inglês, que mais tarde se tornaria uma das figuras mais importantes para o poker nacional, o primeiro presidente da Confederação Brasileira de Texas Hold'em e um dos maiores empresários do meio, também meu sócio na Nutzz Eventos. Mas, nessa época, nosso interesse maior era apenas nos divertir e tentar ganhar aquele torneio semanal. O poker não era um negócio, era um hobby lucrativo, como tende a ser para quem se dedica a estudá-lo e a se desenvolver.

Igor "Federal" Trafane, de uma família tradicional de São João da Boa Vista, desde cedo teve uma queda por esportes, destacando-se e chegando a pensar em trilhar carreira como jogador de futebol e tendo sido campeão de truco em sua cidade. Mas o talento para os negócios falou mais alto e, após uma experiência no exterior e um MBA na Fundação Getúlio Vargas, Igor abraçou o projeto de expandir uma simples escola de inglês de Campinas para o mercado paulista. Em poucos anos, alcançou a marca de mais de oitenta escolas em sua franquia, o Centro Cultural Americano, mais tarde rebatizado de Yesky. Depois de alguns anos à frente do negócio, em 2008, vendeu sua parte na empresa e entrou num ano sabático. Já amante do poker, que praticava desde 2006, quando conheceu Leandro "Brasa" e a mim, Igor flertava com a organização do esporte e participava como consultor de ideias para o Circuito Paulista e o BSOP. Foi quando decidiu se associar a outro personagem dessa história, André Akkari, e lançar uma revista especializada em poker, a Flop, e outros empreendimentos ligados ao poker, formando o Grupo Superpoker. Não demorou muito para que nossos caminhos se unissem comercialmente; Igor se tornou um dos sócios da Nutzz e presidente da Confederação Brasileira de Texas Hold'em. Atualmente, comanda o maior grupo de mídia e de empresas ligadas ao poker nacional.

Sem dúvida, André é uma das peças mais importantes no desenvolvimento do esporte no Brasil.

André Akkari é um paulistano que se orgulha de suas raízes. Criado na Zona Leste, no Tatuapé, e corintiano "até debaixo d'água", Akkari teve sua vida completamente modificada pelo poker. Saiu de uma situação comum à maioria dos brasileiros, endividado e assalariado, trabalhando numa empresa de informática, para ser um dos maiores vencedores de poker no Brasil, com mais de três milhões de dólares em prêmios, conquistou prestígio internacional e é o principal nome brasileiro do maior site de poker do mundo, o PokerStars, que em 2007 o contratou como atleta. Pelo PokerStars, já viajou por todos os cantos do mundo, participando dos maiores torneios e representando o Brasil. Mas seu

TER SEU PRÓPRIO NEGÓCIO

talento maior está em ter uma visão para o marketing e o empresariado. Além de ter sido um dos fundadores da Nutzz e criador do BSOP, André lançou outros projetos de sucesso, como a TvPokerPro, maior webTV dedicada ao esporte no Brasil, e seu próprio centro de treinamento. Seu blog pessoal é hospedado no UOL, um dos maiores portais do país. Em 2012, lançou sua própria empresa de eventos, a AW8, e, com ela, o Masterminds, um evento de poker que inclui torneios, palestras e shows. É o profissional brasileiro com maior número de seguidores em mídias sociais e um exemplo para os jogadores que estão começando a praticar o esporte. Sua maior conquista foi o campeonato mundial de poker em 2011, em Las Vegas, o segundo bracelete de um torneio do WSOP que o Brasil conquistou.

Porém, antes de contar sobre a conversa que aconteceu naquele dia e que mudou minha história, vamos recapitular o cenário de 2005.

O Circuito Paulista de Texas Hold'em estava quase fazendo seu primeiro aniversário e encerrando sua primeira temporada. Conforme já citei, o circuito começou meio por acaso, mas ganhou corpo já no primeiro ano.

A primeira etapa foi um torneio entre amigos, realizado em Campinas e anunciado pelo Orkut. Apenas 25 jogadores de várias cidades de São Paulo participaram. O improviso foi a tônica desse primeiro evento. Os próprios competidores trouxeram de casa maletas de fichas para juntar com outras, e um churrasco foi organizado para a confraternização. Nesse primeiro evento, acabei fazendo a mesa final (no linguajar do poker, fazer mesa final é estar entre os primeiros colocados, entre seis e dez jogadores, dependendo do formato do torneio em questão) com o Brasa, e ficamos amigos. O segundo torneio teve quase o dobro de participantes, e novamente foi uma tarde muito divertida. Surgiu a sugestão de realizar aquele encontro todo mês, cada vez numa cidade diferente. E, então, Leandro e eu decidimos nos unir e tomar a organização do recém-batizado Circuito Paulista.

O nome do torneio veio justamente do fato de ele ser itinerante, passando por diferentes cidades de São Paulo. Na primeira temporada, o CPH (Circuito Paulista de Holdem) foi hospedado ainda em São Caetano, São Vicente e Americana. Curiosamente, o primeiro ano foi o único em que isso ocorreu, já que a partir do segundo ano o torneio se fixou na capital com raras incursões em outras cidades, como Santos, no terceiro ano.

No início, outros jogadores tentaram nos ajudar quando o evento acontecia em suas cidades. Mas logo o número de participantes ultrapassou cem jogadores e demandou um tempo maior para a organização. Foi quando o que era um hobby, uma desculpa para termos diversão para o final de semana, se tornou uma oportunidade aos nossos olhos.

Oportunidade só é visível para quem está de olhos abertos, procurando.

O espírito empreendedor tem de aparecer quando você percebe essa oportunidade. Um momento para encaixar um produto em um mercado que está mostrando uma grande demanda e uma oferta insuficiente. Cada vez mais jogadores surgindo e poucos torneios de qualidade sendo ofertados.

Criamos uma logomarca, um site e aumentamos a divulgação. Começamos a procurar apoio e patrocínio para o evento. Investimos em fichas, baralhos profissionais e na criação de um modelo de regras que seguisse padrões internacionais.

A organização começou a nos abrir portas para outras oportunidades de trabalho. Éramos chamados para fazer consultorias para clubes que estavam começando, organizar torneios em outras cidades e até fazer treinamentos teóricos para os hóspedes e funcionários do cassino Conrad, em Punta del Este.

O Circuito Paulista começou a ganhar fama por todo o Brasil e atraía jogadores de outras cidades, como Rio de Janeiro, Curitiba e Porto Alegre. Em menos de um ano, quase duzentos jogadores disputavam as etapas do Campeonato Paulista, que passou a ser organizado em clubes e a ter uma equipe trabalhando nos bastidores. Era o embrião de uma empresa.

O CPH nos tomava um fim de semana por mês. Mas eu já começava a passar parte do meu dia ligado na internet, organizando um evento que durava um único sábado no mês. E também buscando apoio e pa-

TER SEU PRÓPRIO NEGÓCIO

trocínio, fazendo contato com jogadores, montando o site, discutindo ações de marketing e trazendo melhorias para o circuito.

Dá para perceber que já existia uma linha tênue entre o que era apenas um hobby e o que era um trabalho?

Qual é a definição de trabalho?
1. Qualquer atividade remunerada?
2. Algo que consome seu tempo e pelo qual você é remunerado?
3. Uma atividade regular em que você gasta tempo, mas não necessariamente é remunerado (trabalho doméstico, por exemplo)?

Para mim, trabalho era sinônimo da rotina de acordar cedo, deslocar-me para o hospital, atender ao longo de todo o dia as consultas ambulatoriais e os pacientes internados e retornar para casa à noite, ou, em alguns dias, ainda encarar um plantão noturno na emergência de um centro de saúde.

No entanto, lendo essa frase é possível perceber que minha própria definição parecia limitada e desgastante.

Eu trabalhava com algo de que gostava — medicina —, mas me sentia amarrado e preso a um sistema no qual não me sentia bem. Sempre gostei de explorar ao máximo minhas aptidões e, por motivos diversos, não conseguia desenvolver o que queria com a medicina.

Havia hospitais caindo aos pedaços, falta de equipamento adequado, e fui sendo obrigado a me adaptar aos tratamentos, aos medicamentos disponíveis e aos recursos diagnósticos que podíamos usar.

É claro que eu via saídas. Sempre pensava: "Vou abrir meu próprio consultório e, quem sabe, uma clínica. Vou ter um serviço médico de primeiro mundo."

A cabeça empreendedora já trabalhava, mas eu enfrentava a dura realidade da grande maioria, que pensa assim: "Como começar? De onde tirar o dinheiro para investir? Como fazer, se não tenho experiência no ramo?"

Então eu seguia. Simplesmente continuava trabalhando e fazendo o melhor que podia: defendendo meu salário, pagando minhas contas e esperando minha hora chegar.

Contudo, não é esperando sentado que ela chega. Já sabemos a diferença entre sonhos e metas. E aí? Por que eu continuava a esperar?

E aqui vou abrir mais um pouco a linha de pensamento e falar sobre um outro ensinamento do poker para o mundo dos negócios.

Existe uma dificuldade muito grande em diferenciar o jogador profissional de poker do jogador recreacional. Ou melhor, muitos jogadores amadores, por serem lucrativos e terem ganhado alguns torneios, se consideram profissionais. Trabalhar como jogador profissional de poker inclui uma rotina tão desgastante e intensa quanto a de muitas outras profissões. O verdadeiro profissional precisa estudar muito, ler livros, assistir a vídeos de outros profissionais, fazer treinamentos, jogar várias horas dia após dia, rever suas sessões e corrigir seus erros. Precisa, ainda, administrar sua banca, planejar sua agenda e cuidar do corpo e da mente.

Algumas vezes, o poker pode ser encarado como uma diversão lucrativa. Em outras é um trabalho como qualquer outro, com horários, estresses, cobranças e rotinas.

Como saber se o poker é um bom negócio quando encarado como uma profissão?

Vale a pena ser um jogador profissional de poker?

Pode parecer uma profissão com muito glamour com viagens, prêmios milionários e muito luxo. Mas essa imagem é a realidade de poucos jogadores. Assim como em outros esportes, apenas uma minoria se destaca dessa forma.

Relacionar o poker com os negócios de forma metafórica nos ajuda a entender conceitos fundamentais para ser bem-sucedido no mundo corporativo, porém jogar poker para sobreviver pode ser um péssimo exemplo de negócio para a maioria das pessoas.

Quando pensamos em um negócio, idealmente ele deve gerar renda mesmo quando você não estiver trabalhando.

Entretanto, paradoxalmente, o poker nos ajuda a entender como escolher um negócio. A escolha de qual jogo você deve sentar e jogar, contra quais oponentes e o grau de risco é fundamental para seu lucro.

Da mesma forma, para empreender é fundamental escolher muito bem a área em que se está entrando, prospectar informações, conhecer os clientes e os concorrentes e fazer uma avaliação do seu risco.

Um plano de negócios

Voltando àquela terça-feira... Às 22h, André Akkari nos falou: "Queria muito mostrar um projeto para vocês. O Circuito Paulista é um sucesso. Vocês foram competentes ao criá-lo e transformá-lo em algo grande." (Grande, na época, era um torneio com 150 pessoas.)

André começou bem, do modo como se deve começar: com um projeto. Um plano de negócios. Colocar no papel as ideias que povoam sua cabeça.

O Circuito Paulista, que, como eu disse, começou como um hobby, quase uma desculpa para organizarmos torneios, em que nós mesmos podíamos jogar e nos divertir, já mostrava sinais embrionários de uma estrutura empresarial. Mas era apenas baseado num faro. Uma intuição e, talvez, um talento bruto para negócios.

Não havia uma empresa formada, não havia registro de marca e não havia planejamento futuro. Apenas tínhamos reuniões, planejávamos o próximo evento e assim seguíamos. De mês em mês. Recolhendo os lucros a cada torneio como se fosse um salário, mas sem uma visão de crescimento sustentado.

Sabíamos fazer os eventos, sabíamos ganhar dinheiro, mas o potencial para transformar aquilo num negócio muito mais lucrativo não estava sendo aproveitado.

Naquela noite, muita coisa mudou.

O projeto de André trazia dez itens que ele achava que, em sociedade comigo e com Leandro, poderia desenvolver. A proposta dele era entrar em nosso negócio, o Circuito Paulista, em troca de desenvolvermos juntos aos projetos. Era força de trabalho, e não uma proposta monetária de sociedade.

Um dos itens, em especial, chamava a atenção: fazer um campeonato de poker nacional. Um torneio que, a cada mês, estivesse num estado diferente. O objetivo não era ganhar dinheiro, mas desenvolver o esporte pelo Brasil, para que, no futuro, mais pessoas conhecessem o esporte e, aí sim, se tornassem clientes e consumidores de outros negócios ligados a ele.

Essa visão de futuro, de meta e objetivo, colocada no papel, serviu para abrir ainda mais minha cabeça. O futuro não era realizar torneios de poker, mas vender roupas, fazer programas de televisão, licenciar marcas, comércio eletrônico, cursos e palestras, livros e DVDs instrucionais, e muitas outras possibilidades.

A proposta, para ser viabilizada, exigia que fosse criada uma empresa, totalmente legalizada e organizada, para poder tocar os projetos e buscar apoio e respaldo.

Descobri que a magia de empreender é uma mistura de planejar e fazer. Quem só fica planejando, sonhando, não sai do lugar.

Quem faz, coloca a mão na massa mas não planeja os próximos passos acaba quebrando e não chegando lá.

Abrir o próprio negócio... Um dos princípios básicos do poker é saber como apostar. No início de um torneio, todos os jogadores recebem a mesma quantidade de fichas. A oportunidade para ganhar está ao alcance de todos. E é nisso que o poker imita a vida. É preciso técnica, é preciso foco e também sorte. Mas a oportunidade está ali, ao alcance de qualquer um.

Saber apostar suas fichas é uma habilidade que o jogador de poker precisa desenvolver seguindo uma linha lógica de ação (e, algumas vezes, incluindo um pouco de caos para confundir o adversário).

Cada jogo de poker é um exemplo da arte de administrar o capital que lhe é dado. Investir nas mãos corretas e tentar multiplicar os resultados.

Criamos a ALL Eventos (André, Leonardo e Leandro), mas o nome que o público conheceu foi Nutzz. No linguajar do poker, quando você tem o *nuts*, você tem o melhor jogo, que não pode ser batido. Ao mesmo tempo, *nuts*, em inglês, seria algo como "malucos". E não é o que nos definia bem? Queríamos ser os melhores e com ousadia.

Infelizmente para nós, e nem tanto para o André, ele só permaneceu na sociedade por quatro meses. No meio do caminho, apareceu o PokerStars e novos horizontes para ele. Um movimento que o levou muito mais longe e fez dele um dos grandes responsáveis pelo crescimento do

TER SEU PRÓPRIO NEGÓCIO

poker no Brasil. E no futuro, os caminhos voltariam a se cruzar e André voltaria a ser sócio do torneio que ajudou a criar. Mas ele plantou a semente que era necessária.

Para quem está começando um negócio, é fundamental se informar. Escrever um plano de negócios, como já dito, é indispensável. Basicamente, ao se esforçar para fazer esse projeto, você irá estudar o mercado, fazer um balanço do que gastará para implementá-lo e traçar as estratégias para financiar seu *business*.

Apenas para exemplificar, aqui estão os elementos de um plano de negócios.

- Capa e índice.

- Sumário executivo: abrindo o seu plano, contém um resumo de tudo que é apresentado adiante. Normalmente, você escreverá essa parte ao finalizar o plano. Dentro desse sumário deve estar a descrição de sua empresa ou produto, a equipe de gestão, uma apresentação do mercado e de seus competidores, estratégias de marketing e vendas, estrutura e operação e uma previsão de resultados financeiros e investimentos.

- Conceito do negócio: nessa parte, descreva a fundo o que é o seu negócio, incluindo sua visão, missão e valores, e os produtos ou serviços que pretende colocar no mercado.

- Equipe de gestão: hora de falar sobre quem irá gerir o empreendimento, seus currículos, experiências na área, equipe envolvida, assim como a política de recursos humanos da empresa.

- Análise estratégica: aqui serão analisados os seus competidores, o mercado e seus potenciais. Vale uma análise setorial, projeção de vendas ou participação no mercado, descrever as necessidades dos seus clientes, os benefícios gerados pelos seus produtos ou os serviços, e as vantagens e desvantagens competitivas.

- Marketing e vendas: apresentar os elementos da estratégia de marketing, investimentos, política de preços e qual público-alvo você quer atingir. Nesta seção, você pode descrever parcerias que pretende montar e sinergias com outras empresas.

- Estrutura e operação: discussão do organograma funcional da empresa, os seus processos de negócios, fornecedores, clientes, tecnologia, estratégias de crescimento e um cronograma de ações.

- Planejamento financeiro: aqui você deve demonstrar um plano de despesas, previsão de receitas e investimentos a serem realizados no negócio. Vale também comparar o desempenho esperado para sua empresa com o de outros investimentos para avaliar se você realmente está colocando o seu dinheiro (ou o dos seus investidores) em um negócio que valha mais a pena do que alternativas que já existam no mercado.

Não vou aqui detalhar como escrever esse plano, mas recomendo procurar um livro que me ajudou muito no princípio: *O segredo de Luísa*, de Fernando Dolabela. Ele funciona como um manual do empreendedor, o que não é o objetivo deste livro. Não quero explicar o passo a passo de como começar, mas detalhar como o poker me mostrou as habilidades para o sucesso.

Competir, analisar, agir, lidar com as vitórias e as derrotas e saber que o objetivo não é ganhar uma mão, e sim ter uma visão de longo prazo.

Nessa época, aprendi a blefar com meus próprios medos e a me encher de coragem. No fundo, tinha receio de que não desse certo e de não ter jogo suficiente para vencer. Tinha nas mãos um par de "ases", mas ainda assim morria de medo de tomar um *bad beat* — termo utilizado no poker quando um jogo favorito acaba perdendo para uma mão inferior. Normalmente, chamamos de *bad beat* o vencedor que apresentava menos de 10% de chance de ganhar a partida.

Quando digo blefar, refiro-me ao fato de que, para pagar a aposta de André Akkari e abrir uma empresa para tocar os projetos, eu tinha de colocar toda a minha força de vontade no que estava fazendo e deixar transparecer para os meus sócios que tinha certeza da vitória.

E o bom jogador não precisa de um par de "ases" para vencer.

O poker mostra que podemos ser vitoriosos com quaisquer duas cartas, se jogarmos nas situações e nas oportunidades corretas. Até cartas com pouco valor, se bem jogadas, podem render vitórias incontestáveis.

Aumentei as apostas. Paguei para ver. Coloquei minhas fichas no meio. É claro, fui cauteloso. Existe uma técnica no poker chamada "controle do pote". Basicamente, você tenta manter as apostas baixas, sem arriscar todo o *stack*, que é a quantidade total de fichas que um jogador tem a seu dispor numa partida. Naquele momento, ainda não era hora de ir *all-in*.

Por isso, não larguei todas as minhas atividades ligadas à medicina, mas pedi demissão de um dos empregos. Reduzi meus horários e dias dedicados ao ofício de médico.

Foi uma aposta controlada. Precisava de mais tempo para me dedicar à nova empresa e fazê-la crescer. E, como vocês vão ver, ganhei essa mão.

E, ganhando uma mão de cada vez, fiz com que as fichas continuassem a vir para mim.

Ainda era tudo muito amador. Mas ter traçado as metas e saber quais eram os próximos passos foi o que mais ajudou.

A empresa que se formou era apenas um rascunho do que se tornaria alguns anos depois.

O processo de crescimento e desenvolvimento da empresa foi saudável. Fomos aprendendo enquanto fazíamos, mas, em determinado momento, tudo ficou tão grande que a profissionalização se tornou mais que uma necessidade. Ainda mais num mercado em que há tanto preconceito, devido à falta de informação.

Não custa nada relembrar: o poker não é ilegal no Brasil. Nossa legislação proíbe os jogos de azar, aqueles em que a sorte é o principal ou exclusivo determinante do resultado da disputa. Isso está textualmente escrito no art. 50 do Código de

Contravenções Penais. Entretanto, o poker é um jogo de habilidade, já reconhecido pela International Mind Sports Association (IMSA), que inclusive o classifica como esporte da mente e, mais ainda, olímpico. Essa entidade, que é ligada ao Comitê Olímpico Internacional (COI) e tem sede no mesmo edifício, em Lausane, na Suíça, já determinou que, desde 2012, o poker faça parte dos Jogos Olímpicos da Mente.

No Brasil, vários laudos comprovam que o poker é um jogo de habilidade, como o emitido pelo perito Ricardo Molina, da Unicamp, ou o parecer dado pelo ex-ministro da Justiça no Brasil, Miguel Reale Júnior. O secretário de Esportes de São Paulo abriu o Latin American Poker Tour quando passou pela cidade em julho de 2011. A prefeitura de Foz do Iguaçu emitiu uma nota oficial agradecendo a presença do campeonato brasileiro na cidade. O torneio BSOP Million realizado em dezembro de 2013 foi aberto oficialmente pelo Ministro dos Esportes, Aldo Rebello e teve a participação de diversas celebridades, políticos e esportistas.

Ronaldo Fenômeno desde 2013 é um dos esportistas patrocinados pelo Poker-Stars, maior site de poker do mundo. Ele faz companhia a estrelas como Rafael Nadal representando o poker internacionalmente.

O poker também tem uma confederação esportiva e várias federações estaduais. Tem regras internacionais cumpridas com exatidão nos principais torneios do Brasil. Só falta um sindicato. E também uma regulamentação clara no país.

Acumulando fichas e fazendo o bolo crescer

Seguindo o mote do livro de como se tornar um empresário de sucesso usando as habilidades que aprendi e desenvolvi com o jogo, tenho de usar o exemplo do objetivo principal do poker, que é acumular fichas.

Num torneio, todos começam com a mesma quantidade, e seu objetivo é ir acrescentando às dos adversários até que você tenha todas as fichas em jogo e se torne o campeão.

Esse acúmulo não é feito apostando em todas as mãos e contestando cada jogada. Você não precisa jogar todas as rodadas.

TER SEU PRÓPRIO NEGÓCIO

É necessário paciência para esperar o momento certo de fazer suas apostas. Mas, em última instância, você tem de arriscar suas fichas em jogadas específicas e ir crescendo.

Para empreender, é necessário alma de jogador-de poker. É preciso fazer o bolo crescer, mas de forma calculada. Passos maiores que a perna são a receita perfeita para o fracasso nos negócios.

Quando somos empregados numa empresa, nosso principal objetivo é fazer o suficiente para sobreviver, ou melhor, fazer o que nos é pedido pela organização, e que normalmente já levará ao crescimento da empresa. Mas, no fundo, não estamos jogando para ganhar. Estamos jogando para não perder.

E é exatamente isso que fazem os jogadores medianos no poker. Eles não querem ganhar, querem apenas entrar na faixa de premiação. Ficam se segurando com poucas fichas, esperando poucas alegrias, mas de uma forma contínua e anestesiada em relação aos riscos de empreender.

Esses jogadores, que apenas controlam as fichas, ficam na média dos torneios e, a não ser que deem um golpe de sorte e consigam dobrar numa mão, fatalmente acabam ficando com poucas fichas quando os *blinds* vão subindo e, por isso, são eliminados do jogo.

Jogar poker me fez aprender a mirar o primeiro lugar. Não tenho medo de ficar fora da zona de premiação.

E é assim que um jogador de poker deve agir, sempre procurando a vitória. A mentalidade do empreendedor é diferente da do empregado.

Aumentar o negócio é uma obrigação e depende apenas do jogador.

Seus funcionários farão o que lhes for pedido. Mas eles seguem suas orientações e a filosofia que você determina para sua empresa. Da mesma forma, sua equipe é liderada de acordo com suas visões para o negócio.

Você não pode jogar o jogo para empatar. Tem de procurar as alternativas que façam seu montante continuar sempre aumentando.

O poker competitivo é um jogo sem empates. Existem diversas formas de ganhar, e você não precisa ser o primeiro em todas as rodadas para vencer. Mas as glórias e os prêmios maiores vão para quem quer ser campeão. Foco sempre em ser o campeão. O empreendedor precisa ter uma mentalidade de vencedor.

Business e poker são atividades em que os competidores costumam ter inteligência acima da média e uma percepção muito boa, que vai além do simples entendimento das regras.

A maioria das pessoas que se sentam numa mesa de poker não está jogando apenas as fichas. Muitas vezes, jogam suas vaidades e egos. Em outras palavras, estão numa batalha de autoconhecimento.

Ao escolher o jogo de que quer participar ou o negócio que quer abrir, procure ser atraído pelo mercado e pelas suas oportunidades e não ser dirigido pelo seu ego.

Eu adoraria jogar com alguns dos profissionais que são meus ídolos no poker mundial, mas em uma mesa cheia de tubarões eu provavelmente seria o peixe a ser engolido. Estaria jogando pelo meu ego, e minha vontade de conquistar o mais difícil. Mas por que não olhar onde o mercado oferece melhores oportunidades? Jogadores mais fracos, com deficiências técnicas... Uma concorrência que permita que meu negócio cresça em tamanho e valor.

Posso querer mirar um profissional como o exemplo de onde quero chegar, mas não querer me tornar melhor do que ele antes de passar pelos primeiros passos.

O poker é um jogo em que tímidos se agigantam e falastrões podem pagar por sua língua. Todas essas percepções são fundamentais para entender que o mundo de negócios é exatamente o que se vê numa mesa de poker. Por exemplo, um executivo que gosta de mandar e se mostrar forte pode estar morrendo de medo de que sua estratégia não seja forte o suficiente. Por trás de tudo, no entanto, não estão só o ego e a vaidade, mas também o risco que o negócio traz.

Desde que nos entendemos como gente, o risco está envolvido em nossas vidas. Temos pouca percepção de que a todo momento fazemos escolhas e corremos risco. Atravessar uma rua ou decidir pegar um caminho diferente de manhã ao ir para o trabalho pode mudar o rumo daquele dia.

Empreender é tomar o risco em suas mãos. É escolher com que cartas você vai jogar. Selecionar seu melhor jogo e apostar suas fichas.

TER SEU PRÓPRIO NEGÓCIO

O jogo dos negócios envolve pessoas, as cartas que você jogará e o investimento que será feito. O dinheiro é o objetivo, mas também é o meio para participar do jogo. Você tem de saber como controlar sua banca para não entrar e perder tudo numa jogada errada.

Duas em cada três microempresas não sobrevivem mais de dois anos no país. Por que tantas pessoas abrem seus negócios e não conseguem prosperar?

Se eu pudesse, recomendaria a todos que jogassem poker antes de se aventurar no mundo dos negócios. Deveria ser uma matéria curricular obrigatória.

Uma crítica muito construtiva é que nenhuma escola ensina coisas com que todos nós teremos de lidar em nosso dia a dia como adultos. Por exemplo, educação financeira. Por que, no oitavo ano de escola, não ensinam o que é uma previdência privada, o que é o mercado financeiro, o que são ações e o poder dos juros compostos em exercícios reais, e não aqueles em que calculamos mas não entendemos a aplicação?

Por que as escolas, em vez de apenas apresentarem o caminho das universidades, não mostram também o que é necessário para ser um empreendedor e ter seu próprio negócio?

Faltam suporte e educação financeira. E você tem de buscar essa educação por conta própria. Da mesma forma, não lhe ensinarão poker na escola. E os livros de regras não explicam como ler pessoas. Entender as regras do jogo não é suficiente. É preciso jogar.

Não basta ler a respeito ou sonhar com o próprio negócio. Depois de colocar seu projeto no papel, é preciso torná-lo realidade e aprender enquanto faz acontecer.

Desejar o próprio negócio, planejar e sonhar não são o mesmo que ir lá e fazer.

Muitas vezes, sua primeira tentativa não será bem-sucedida. Por isso, saber apostar suas fichas com parcimônia é muito importante, assim como alocar seus recursos em função do potencial do seu jogo.

É importante guardar esta frase: empreender é o equilíbrio entre planejar e fazer.

7

Gerenciando sua própria vida: tempo é dinheiro

O tempo não para.

Cazuza

EM 2014, FIZ 38 anos. A idade é relativa para muitos, e conheço cada vez mais pessoas muito jovens com sucesso empresarial. Não existe uma idade ideal ou limite para começar, tampouco para dizer se a pessoa foi ou não bem-sucedida na vida.

Por outro lado, o tempo não volta, e ficar parado é perda de dinheiro. As oportunidades aparecem e não podemos ficar procrastinando em vez de agir. Grande parte do sucesso em minha vida empresarial foi fazer antes o que os concorrentes fariam depois. Não havia ideias completamente originais. Muito do que fizemos pelo poker já existia lá fora. Apenas adaptamos e trouxemos para o Brasil. E nos inspiramos também em outros tipos de mercado e produtos para adaptar a nossos eventos. Buscamos a excelência. Mas tudo isso tinha de ser feito antes que outra pessoa o fizesse.

Há muitos anos, Abelardo "Chacrinha" Barbosa disse que em televisão nada se cria, tudo se copia. A frase, que ficou famosa, retrata uma verdade que ecoa em outras áreas empresariais. Muitas vezes, basta

GERENCIANDO SUA PRÓPRIA VIDA

observar o que já dá certo em outros lugares e adaptar para sua realidade. Não é necessário inventar a roda. Inovar não é necessariamente criar algo novo, e sim pegar elementos, adaptá-los e mantê-los frescos e modernos para o seu cliente.

A vontade de ser único e mostrar o gênio de sua criatividade normalmente significa começar do zero. Mas também significa que você está perdendo a oportunidade de procurar por informação que já foi acumulada, processos que já foram criados e fórmulas bem-sucedidas. Para quem está começando, por que não tentar o básico? Basta compararmos o sucesso que franquias atingem em comparação com novas marcas. Na área de alimentação, 90% dos novos restaurantes fecham em até cinco anos. Já franquias como Pizza Hut e McDonald's têm taxas de sucesso de mais de 90% em cinco anos. É claro que o retorno e a margem de lucro são menores, mas para que mexer em time que está ganhando?

Copiar um formato vencedor é eficiente e custa menos do que desenvolver sua própria estratégia. Por isso, estudar o sucesso de outros no mundo dos negócios é fundamental para encontrar sua própria forma de fazer. É o valor de estudar os casos de sucesso. No poker, uma das melhores formas de aprender é o que chamamos de *session review* (revisão de sessão). No poker on-line, em cada torneio jogado, o software guarda um histórico de mãos jogadas. Com um software específico podemos fazer o *replay* de todas as mãos e procurar por erros e acertos. Uma boa estratégia é assistir a torneios que foram ganhos por bons jogadores e rever passo a passo as estratégias utilizadas. Pensando no aspecto técnico, o meu conhecimento de poker veio todo de outros profissionais com muito mais anos de estrada, que disponibilizaram seu conhecimento através de livros, palestras ou vídeos.

Quando começamos a organizar os torneios de poker no Brasil, os Estados Unidos já viviam o *boom* do esporte, e os negócios por lá prosperavam. A economia que se formou em torno dos produtos ligados a esse esporte já movimentava mais de um trilhão de dólares em 2007. Por que procurar caminhos diferentes, se já havia águas navegadas e testadas por outros empreendedores? Mas tínhamos de ser inovadores dentro do nosso mercado. Os primeiros a fazer no Brasil.

Essa foi a receita que fez da Nutzz um sucesso: estar sempre um passo à frente e implementar as novidades antes da concorrência. Quando todos achavam que um torneio tinha de ter apenas uma entrada fixa, o chamado torneio *freezout*, resolvemos implementar, no Circuito Paulista, o *rebuy* e o *add-on*, em que o jogador poderia comprar mais fichas dentro de condições específicas. Isso aumentou a premiação nos torneios, tornando-os mais atraentes para que mais pessoas quisessem participar, ainda mantendo a opção de inscrição por um valor mais barato.

Quando criamos o BSOP, fizemos o primeiro torneio com *dealers* (carteadores) em todas as mesas. Hoje, não há um torneio importante no país que não utilize carteadores em todas as mesas, e isso permitiu, entre outras coisas, que uma nova profissão se formasse. A inovação estava em perceber as mudanças no mercado, e, em 2010, criamos a primeira escola de *dealers* no Brasil, a Dealer Pro, que forma e certifica profissionais para esse mercado. Atualmente, para estar apto a participar dos maiores eventos do país, o carteador precisa de capacidade técnica e teórica alta, e uma certificação da Dealer Pro é como uma norma de qualidade do calibre da ISO9001.

Os dealers brasileiros atingiram um nível de excelência tão grande que em 2014 a LUSOP em Las Vegas contratou dealers brasileiros para o maior evento mundial de poker.

Dependendo do mercado em que você estiver, sua empresa poderá até mesmo criar o padrão de qualidade e, assim, se tornar uma referência a ser copiada pela concorrência.

Para melhorar a estrutura e a jogabilidade dos torneios, fomos os primeiros a organizar os campeonatos em dois dias, e, num passo ainda maior, em 2010 decidimos fazer o BSOP em quatro dias, iniciando na sexta-feira e terminando apenas na segunda-feira à noite. Implementar uma mudança como essa, colocando a mesa final numa segunda-feira à noite, poderia significar a diminuição no número de jogadores, já que alguns poderiam desistir de participar do torneio por não poder faltar ao trabalho. Mas era um risco calculado. Apenas os nove primeiros colocados podiam retornar no último dia, e eles disputavam prêmios que costumavam somar mais de quinhentos mil reais, portanto uma boa justificativa para ficar mais um dia no torneio.

O torneio BSOP Millions realizado em 2013, teve eventos ao longo de oito dias, com o evento principal ocupando sete desses dias (começou em uma quinta-feira e terminou apenas na quarta-feira seguinte). Quase 2.500 jogadores que geraram uma premiação de cinco milhões de reais.

Inovar para crescer. Gerar um maior espaço para os clientes, mais atrativos de premiação, maior oferta de eventos e produtos. Na maioria dos casos, as soluções já existiam lá fora. Foi só adaptar para a nossa realidade e fazer antes dos concorrentes.

Hoje, para uma empresa semelhante conseguir chegar a essa posição, precisaria de uma qualidade excepcional em seu trabalho, ou de um grande capital para investir, o que não nos foi necessário.

Para empreender e administrar o próprio negócio, em primeiro lugar é preciso saber como fazer o mesmo com seu tempo.

Importante antes do urgente

Há uma máxima que diz: "O importante antes do urgente."

Na realidade, essa frase não pode ser levada ao pé da letra. Muitas vezes, temos de resolver o urgente antes, mas o problema é quando ficamos resolvendo apenas coisas urgentes e nos esquecemos do que é importante.

Isso acontece porque as tarefas urgentes normalmente são aquelas não realizadas por falta de tempo. Ou o prazo está acabando, ou já acabou. Você precisa agir imediatamente. Isso é acompanhado de muito estresse e ansiedade.

E, aqui, ansiedade é a palavra que eu gostaria de destacar.

Sempre me considerei um ansioso. Esperar não era meu forte, e muitas vezes, por ansiedade, assumi mais compromissos do que podia ou fiquei realmente estressado com atividades que deveriam ser feitas com calma.

Mais uma vez, o poker veio para me socorrer. Uma das principais características de um bom jogador é saber escolher o momento certo para agir. Durante um torneio, muitas vezes ficamos sentados por horas, analisando os adversários e esperando por cartas e pelo momento correto de atacar. Se você não tiver essa paciência e disciplina, acaba entrando em jogadas com mãos fracas e diminuindo suas chances de vencer.

Logo que comecei, como a grande maioria dos jogadores, era afobado e queria participar de várias mãos. No linguajar do poker, chamamos esses jogadores de *loose* (soltos).

Mas nem todas as mãos no poker podem ser jogadas de forma lucrativa. A avaliação de quais eram as melhores mãos para o poker foi realizada com base em simulações matemáticas feitas em computador, mostrando cada uma das 169 mãos iniciais possíveis contra cada uma das outras 168, milhões de vezes. Assim, foi possível criar um *ranking* baseado em quanto percentualmente uma mão ganha contra o conjunto de todas as outras mãos individualmente.

Aqui ocorre um fato interessante: mãos que ganham mais de 50% das vezes contra o conjunto de todas as outras mãos (ou seja, têm uma expectativa positiva) representam apenas cerca de 15% do total das mãos iniciais (cerca de 25).

Um autor de livros de poker muito conhecido, o matemático David Sklansky, chegou a sugerir uma divisão em grupos, de acordo com o quanto as mãos são vencedoras, para sugerir uma estratégia de jogo.

Com base nesse conhecimento, os jogadores profissionais costumam selecionar apenas as melhores mãos ou situações para jogar e, portanto, ficam grandes períodos apenas esperando o momento certo de agir.

Essa paciência é fundamental para a vitória.

E compreender isso fez com que eu aprendesse a controlar minha tendência natural de ser ansioso e de querer resolver tudo rapidamente, muitas vezes atropelando a ordem natural dos acontecimentos.

Todos sabem que um bom predador espera o momento certo para atacar. Fica espreitando até perceber a situação mais propícia. Até os bandidos costumam assaltar pessoas que estejam distraídas, sozinhas e mais propensas a serem surpreendidas.

O poker ensina os jogadores a controlarem suas ansiedades. Durante um BSOP, cada dia do torneio costuma durar cerca de treze horas. Em cada hora, você participará de cerca de trinta a quarenta mãos. Portanto, em um

GERENCIANDO SUA PRÓPRIA VIDA

dia de torneio, você receberá algo em torno de 390 a 520 mãos. Como tem de selecionar as melhores para jogar, é esperado que participe de 15% desse total. Ou seja, você poderá passar cerca de quatrocentas mãos apenas observando o que está acontecendo, sem participar da jogada.

Passar mais de doze horas sentado numa cadeira, observando as mesmas pessoas, concentrando-se no jogo e não desviando a atenção, é um exercício para a paciência e o controle da ansiedade.

Um bom jogador de poker deve procurar trabalhar seu lado mental. Em média, um torneio on-line com múltiplos jogadores (MTTs, como são conhecidos no linguajar do poker) dura em torno de cinco a seis horas. Porém, há extremos, como durante alguns dos torneios com os maiores prêmios garantidos e milhares de participantes.

Até fevereiro de 2014, o maior prêmio ganho por um brasileiro em um torneio on-line foi de Nicolau Villa-Lobos. Ele ganhou cerca de quatrocentos e setenta mil dólares jogando em um simples tablet em um torneio que durou dois dias. Foram doze horas no primeiro dia, com intervalos de cinco minutos a cada hora jogada, e mais um número semelhante de horas no segundo dia. Hoje, os maiores torneios especiais estabelecem um limite de horas de jogo, e, se necessário, o jogo é interrompido e retorna no dia seguinte.

Um torneio de poker como o evento principal do campeonato mundial tem a duração de até dez dias com dez a doze horas de jogo em cada um deles. Para ser um dos vencedores, você terá que passar por essa maratona que estressa tanto física quanto mentalmente. Não adianta querer jogar afobadamente ou ganhar o campeonato no primeiro dia. Seus objetivos têm de ser traçados dia a dia, e o seu ritmo interno tem que estar alinhado com o da competição de que você está participando. Poker e negócios são maratonas, e não corridas de curta distância.

Recordes no poker

O maior torneio em número de jogadores aconteceu no PokerStars em junho de 2013, com apenas um dólar de buy-in. O torneio teve duzentos e vinte e cinco mil jogadores.

Em fevereiro de 2014 houve uma nova tentativa de quebra de recorde, mas foi frustrada. "Apenas" 211.000 se inscreveram. Todo ano há uma nova tentativa. Espero que logo esse recorde seja quebrado.

O maior torneio ao vivo foi o evento principal do WSOP de 2006, vencido por Jamie Gold, que gerou mais de 82 milhões de dólares em prêmios. Foram 8.733 jogadores pagando uma entrada de dez mil dólares. O primeiro prêmio foi de doze milhões.

Por isso, quando me sento para jogar um torneio, devo me planejar para ter pelo menos aquelas horas livres para poder me dedicar e tentar vencê-lo. Tenho de administrar como uso meu tempo ao longo do dia, isto é, que horas leio meus e-mails e os respondo, quando faço minhas ligações, passeio pela internet, assisto à televisão e cuido de minha alimentação e saúde, para que, na hora do torneio, possa ter meu maior foco em ler o que acontece na mesa.

É mais do que comprovado que, quando estou fazendo várias coisas ao mesmo tempo, meu desempenho nos torneios on-line cai bastante, embora eu sempre tenha me considerado um *multitasker* por natureza. Fazer as refeições lendo ou assistindo à televisão, escrever ouvindo música, conversar sobre um assunto enquanto estou pensando em outro são atividades rotineiras para mim (e, quem sabe, para a maioria dos leitores). O importante é que, para certas atividades, temos de procurar trabalhar nosso foco e ter maior nível de atenção.

O poker me ensinou a administrar melhor o tempo para me focar em ter bons resultados. E uma das dificuldades de sair de um emprego formal e ir trabalhar com seu próprio negócio é não conseguir lidar com esse fator. Num emprego, temos horário para entrar e sair e uma jornada a cumprir. Alguém nos delega as tarefas do dia, e temos de cumprir as metas estabelecidas pela organização.

Em seu próprio negócio, você faz seu horário e estabelece suas metas. Precisa fiscalizar seu trabalho e seus horários, e, muitas vezes, também os de seus colaboradores.

GERENCIANDO SUA PRÓPRIA VIDA

Num dos negócios que abrimos por conta da Nutzz, vivenciei o caso de um sócio passando por essa fase de adaptação. Decidimos, em 2009, abrir uma loja especializada em produtos para poker, que atenderia de forma itinerante os eventos da Nutzz e, num segundo momento, seria também uma *e-store*.

No princípio, o sócio que cuidava da loja se dividia entre seu emprego formal e seu espírito empreendedor. A segurança do emprego e a incerteza do projeto o faziam manter a dupla jornada. Com o crescimento e o sucesso da loja e seus produtos, ele largou o emprego e começou a se dedicar em tempo integral ao empreendimento.

Nesse momento, por incrível que pareça, algumas coisas começaram a ficar mais lentas do que antes. Livre dos horários e das amarras, em vez de a produtividade de seu trabalho aumentar, houve uma perda de foco. E não era por falta de dedicação de tempo, mas talvez pela má administração desse fator.

Uma sugestão de um consultor de administração de tempo apontou para uma decisão simples: mudar-se para São Paulo, onde ficava a sede da empresa, e passar a ir trabalhar no escritório. Embora ele tenha continuado a ser sócio e empreendedor do projeto, o ambiente de escritório, horários e regras poderia ajudá-lo a reencontrar a produtividade.

Para cada pessoa, um tipo específico de solução pode ser o mais viável. Quem procura trabalhar em esquema de *home-office* tem de tomar um cuidado especial para não se enrolar com as atividades do dia a dia. É muito comum que outras pessoas que frequentam a casa (filhos, empregados, família e amigos) não saibam quando você está trabalhando e o interrompam a todo momento, querendo conversar ou distraí-lo com assuntos da rotina social e familiar.

A disciplina para se dedicar ao trabalho depende da criação de um ambiente propício para a atividade a ser desenvolvida. Em meu caso específico, por algum tempo não consegui render bem no escritório de minha empresa quando minha mesa ficava na mesma sala que a de mais outros quatro colaboradores. Quando alguém atendia a um telefonema na mesma sala, ou iniciava um papo paralelo, era muito comum eu perder a atenção. Prezo por privacidade e silêncio para poder trabalhar bem.

Para cada tipo de atividade existe um ambiente propício a ser desenvolvido.

Por outro lado, não sou capaz de escrever um livro e jogar ao mesmo tempo, ou montar minhas palestras e cursos ao mesmo tempo que tomo decisões sobre as minhas atuais empresas.

Em 2014, como sócio de três empresas e mais de uma dezena de projetos diferentes preciso de uma boa administração do meu tempo, até mesmo para que sobre tempo para o lazer e cuidar da minha família. Para poder manter minhas viagens e a qualidade de vida que tanto prezava e ansiava quando ainda era médico tive de aprender a dividir o meu dia em busca de produtividade e eficiência.

É fundamental que você saiba administrar e dividir de forma eficiente seu tempo diário.

Para quem quiser saber mais sobre administração de tempo, recomendo a leitura do best-seller *Mais tempo, mais dinheiro*, de Christian Barbosa e Gustavo Cerbasi. A obra apresenta, entre outras coisas, o método que criou e nomeou como "Tríade do tempo", que ajuda a diferenciar e classificar todas as suas atividades como urgentes, importantes ou circunstanciais. Ele explica como diferenciar cada categoria e, assim, organizar melhor seu tempo e colocar prioridades em suas tarefas.

A percepção de tempo é diferente para cada pessoa, e também é necessário perceber que o ciclo diário de cada um é diferente. Adoro dormir, mas, de uma forma geral, sou menos produtivo e rendo menos quando durmo em excesso. Se me forçar para ficar mais de oito horas dormindo, quando acordo continuo com um ritmo lento, passando o dia como se estivesse me arrastando. Por outro lado, um sono de seis horas me deixa em "ponto de bala" para o trabalho no dia seguinte. Isso pode ser totalmente diferente do ritmo escolhido por outras pessoas para tocar suas vidas.

Também é importante você perceber em que momentos do dia é mais produtivo. Estudos mostram que o momento mais produtivo dos trabalhadores ocorre no final do período da manhã.

Curiosamente, trabalho melhor quando entro pela madrugada, em silêncio. O momento em que, como escritor, minha criatividade está em alta e escrevo sem interrupções. É uma questão de adaptação ao ciclo biológico que desenvolvi ao longo de anos dando plantões médicos noturnos e por preferências para o meu ciclo de vida social. Cada pessoa deve encontrar sua maneira e conviver em paz com seu relógio biológico.

Contudo, o dia de todos tem exatamente as mesmas 24 horas. E as necessidades de inter-relacionamento podem exigir que você tenha de sair de sua zona de conforto para gerar mais produtividade.

Alguns negócios possuem características específicas. Por exemplo, se você decide abrir um restaurante, sabe quais serão seus momentos de pico e quando pode encaixar seu descanso fora dos horários das refeições tradicionais. Não é possível abrir um restaurante e acordar perto da hora do almoço se o negócio depende de sua presença para funcionar. Ou, ainda, querer manter os fins de semana para descanso, quando seu negócio necessita abrir durante esse período.

A organização de todos os aspectos de sua vida depende disso.

Equilibrar sua vida pessoal depende também de encontrar um(a) companheiro(a) que tenha compatibilidade de horários com os seus e disponibilidade para encarar seu ritmo de vida.

Dentro da empresa

Algumas decisões muito simples podem ajudá-lo a se tornar mais eficiente no ambiente corporativo. Por exemplo, organizar o dia da semana em que você fará as reuniões e agrupá-las o mais próximo possível para que haja eficiência. Você tira um dia para fazer as reuniões de planejamento e livra os outros dias para as tarefas executivas.

Trabalhar sua assertividade também é fundamental, e com certeza essa é uma das coisas mais difíceis em meu processo empresarial. Lembro o dia em que virei piada entre meus sócios, quando, no meio de uma reunião, já em 2010, me pediram que resumisse uma situação e eu expus tudo em apenas um minuto, com clareza e rapidez. Quando terminei, todos me olharam e começaram a rir, pois não acreditavam que eu houvesse conseguido.

Como sou prolixo e muito detalhista, minha assertividade pode ser prejudicada e gerar um aumento no tempo de reuniões, ou, ainda, lentidão para me livrar de tarefas simples, como responder a e-mails.

O meu atual sócio, Dejan Petkovic, mais conhecido como Pet, ídolo de diversas torcidas de futebol no Brasil, me assustava ao responder a e-mails. Muitas vezes, me dava o trabalho de preparar e-mails longos, explicando situações e traçando planos. As respostas do Pet, na maioria das vezes vindas direto de seu smartphone, contavam com apenas uma ou duas palavras sobre cada ponto. Normalmente, apenas com a resposta direta ("sim", "não", "faz", "não faz"), sem tecer explicações ou porquês. Eu costumava brincar que os e-mails dele eram executivos.

E é isso mesmo. Os e-mails e as reuniões têm de ser executivos: diretos, claros e concisos. Praticidade para gerar produtividade e economia de nosso tão precioso tempo.

Treinar ser assertivo e direto ao ponto é uma das características relativas à administração do tempo que mais geram dinheiro de forma direta. Você consegue gerar mais negócios e trabalhar ainda mais.

E-mails curtos podem incomodar o receptor. Por serem muito diretos e impessoais, podem ser confundidos com algum tipo de grosseria ou descaso. Então, esteja atento a isso e tome cuidado para ser direto sem ser rude.

Você deve aprender a pensar rápido de maneira lógica e coerente. Ser assertivo até mesmo no modo analítico como encara um problema. E aqui fica uma grande lição do poker para o mundo de negócios: muitas vezes as soluções simples e diretas são também as mais eficientes.

É claro que existe o momento do *brainstorming* e das discussões de planos. Mas mesmo isso tem de seguir um planejamento. Ter uma pauta para as reuniões antes que elas comecem e um moderador, que será responsável por dar prosseguimento aos temas e manter a fluência da reunião, é uma necessidade. Ter alguém anotando a ata da reunião também é importante e pode ajudar a evitar redundâncias na discussão de assuntos. As reuniões de *brainstorming* não devem ser agendadas nem para o início de sua jornada nem para o fim do dia. O ideal é encaixá-las no meio do expediente de trabalho. No início do dia, podem acabar atrapa-

GERENCIANDO SUA PRÓPRIA VIDA

lhando assuntos importantes já programados para aquela data, e, no fim, podem trazer um cansaço acumulado, o que gera ansiedade nos colaboradores para colocar fim à reunião.

Um dos maiores erros daqueles que decidem seguir com seus próprios negócios é não conseguir enxergar de fora o que está acontecendo. Muitas vezes, a vida pessoal do empreendedor se confunde com a profissional, e então os negócios estão fadados ao fracasso.

Mesmo se a empresa for familiar ou se o sócio for o cônjuge, é importante diferenciar os momentos de trabalho daqueles de relaxamento. É particularmente complicado trabalhar junto da pessoa com quem você é casado. As cobranças se confundem e muitas vezes é difícil dissociar os problemas ligados a cada área. Uma boa comunicação é fundamental nesses momentos.

Para ser um empresário bem-sucedido, é importante alocar seu tempo de forma eficiente e sempre se lembrar de calcular o tempo para descanso e para socialização.

O x da equação: você

Este é um aspecto da administração de tempo muitas vezes esquecido: o tempo para você.

Investir em si mesmo é talvez o investimento com maior retorno que se pode esperar. Mesmo para fazer felizes as pessoas que dependem de você, como cônjuge, filhos, familiares, o primeiro lugar deveria ser você.

Se você não estiver bem, se estiver estressado, sem se alimentar ou dormir, sem praticar exercícios físicos e sem fazer o que lhe dá prazer, não conseguirá o tempo de qualidade necessário para se dedicar ao trabalho e às pessoas que importam com a energia necessária.

Muitas pessoas não trabalham bem a alocação do seu próprio tempo. E aqui me refiro àquele tempo exclusivo para cuidar de si próprio. Porque, apesar de parecer fazer o que gostam, atrelam seus desejos aos daqueles que estão ao seu lado, assim como as expectativas. É claro que isso é normal e é parte do processo de construir relacionamentos; entretanto, você não pode deixar que esse processo ofusque sua essência nem tire sua felicidade. Como empreendedor, você se verá em situações difíceis com seu negócio mais frequentemente do que imagina.

Os problemas estão sempre batendo à porta, e é fácil se entregar ao estresse e ser engolido pela necessidade de resolver todas as urgências e se esquecer de você.

Ao planejar sua semana, separe um tempo para si mesmo. Marque na agenda um horário para se cuidar. Faça algo como ir ao cinema, à academia, à praia ou ao parque e se sente para observar a natureza. Procure pensar em coisas saudáveis e tente trazer um pouco de tranquilidade àquele momento.

Por exemplo, desligue seus telefones durante esse período. Repare que estou falando em telefones, porque hoje em dia a grande maioria das pessoas virou escrava de seus *smartphones*. Em meu caso, quando meu telefone tocava, eu interrompia qualquer atividade que estivesse fazendo para atender. Por exemplo, se estivesse almoçando num restaurante com minha esposa, não via problemas em atender a uma ligação de trabalho. Isso é um erro. Se seu tempo está bem organizado, você diminui as urgências e pode desligar os telefones durante as refeições e checar os recados apenas depois delas.

Outra medida que ajuda na sua organização e descanso, é desligar os telefones à noite. Para o caso de emergências familiares, existe o telefone residencial, cujo número, de preferência, aconselho a não dar para pessoas do trabalho.

Com medidas simples como essas, é possível ter tempo de qualidade para você e para seus momentos de descanso.

Se você tem dificuldade de organizar seu tempo, talvez seja uma boa ideia não receber e-mails no celular. Separe um horário do dia para responder a eles, em vez de fazê-lo conforme eles forem chegando ao longo do dia. Com o uso de *smartphones*, cada vez mais nos vemos impelidos a fazer atividades como a de ir respondendo a e-mails ao longo do dia. Em termos de administração do tempo, isso é um problema, pois tira seu foco de outras atividades.

GERENCIANDO SUA PRÓPRIA VIDA

Aprender a criar filtros para os e-mails que chegam também é importante. Direcionar assuntos pessoais e menos importantes para pastas específicas pode ajudá-lo a passar mais rapidamente pelo processo de ler e responder aos e-mails de trabalho.

Uma vez ao dia, pelo menos, tenha um momento só seu. Passe algum tempo sozinho. Repare em sua respiração. Conscientize-se da tensão que seu corpo produz. Perceba que somente dando tempo para você será possível mais equilíbrio para se doar.

Note que o tema "tempo" é muito mais amplo do que parece a princípio, e que seu sucesso depende de saber administrá-lo e gerir as urgências sem deixar de fazer o que é importante.

Logo no início desse capítulo utilizo uma citação de um dos nossos maiores compositores e artistas, Cazuza, que infelizmente não teve mais tempo para ficar entre nós. Ele dizia: o tempo não para. Verdade, mas você pode e deve parar nas horas certas.

Quando estiver emocionalmente instável, não entre numa mesa de jogo, ou se levante dela assim que puder. O mesmo serve para quando estiver com fome, sono, cansado ou agitado em excesso.

No poker, perder uma mão, ou uma série delas, pode colocar você em um estado de descontrole emocional conhecido como tilt. É normal, após uma derrota ou decepção, termos reações impulsivas. No poker é a hora de parar, levantar da mesa, e dar uma volta. Durante um torneio, não podemos interromper o jogo. Ele continua estando você sentado em seu lugar ou não. E o tempo pressiona os jogadores, pois os blinds continuam aumentando e a pressão sobre o seu stack tende a ficar maior.

Apenas tendo disciplina para identificar os seus momentos de desequilíbrio você conseguirá agir sobre eles.

Antes de retornar à mesa, procuro entender o que aconteceu e ver que lições consigo retirar e se preciso alterar minha estratégia. Muitas vezes, aquela sessão está perdida, ou não consigo me recompor a tempo. Mas usando de disciplina e repetindo essa técnica, com o tempo aprendi a me controlar mais.

Acelerar, desacelerar. Seguir ou parar. Jogar com o tempo é fundamental.

A máxima "tempo é dinheiro" apenas cobre parte da importância de saber administrá-lo. Eu diria um pouco mais: tempo é vida, e, se você não o aproveitar, apenas verá a sua passar diante dos olhos. Nenhum ser humano tem garantia de quanto tempo mais viverá, por isso deve viver intensamente cada momento, não de forma estressante e atabalhoada, mas sabendo dividir o tempo entre todas as prioridades de uma existência feliz. Família, amigos, trabalho e satisfação pessoal.

Ao fim deste capítulo, aproveite para fazer algo que lhe dê prazer. Dê-se o direito de ser feliz por alguns instantes. Que tal um chocolate? Ou um carinho em quem você ama? Ou dormir uma boa noite de sono?

8

Conhecendo a teoria: preparar-se melhor que os oponentes

Não é o mais forte da espécie que sobrevive,
é o mais adaptável às mudanças.

Charles Darwin

ENQUANTO ESCREVO ESTE livro, minha filha, em pleno desenvolvimento de sua primeira infância, me faz todo tipo de perguntas absurdas e existencialistas que nem eu mesmo saberia formular. Você já tentou conversar com uma criança sobre religião? Faça isso e perceberá como as perguntas colocarão em dúvida todas as suas aparentes certezas.

E não são essas algumas de nossas maiores aflições? O porquê da existência? Qual é o sentido da vida? Qual é a nossa missão?

Já ouvi várias vezes que quem procura saber um pouco de tudo não aprende nada realmente bem. Mas, nessas horas, rebato esse tipo de pensamento com o que o filósofo Sócrates falou: "Só sei que nada sei." Ou seja, não há como esgotarmos um único assunto. Por isso, sou a favor de uma abordagem "multi" para minha existência. Gosto de adquirir conhecimentos de diversos temas. E me dedico a ler o que posso, fazer cursos e participar de eventos culturais, além de não perder a oportunidade de bater um bom papo com pessoas inteligentes. De acordo com Rene Descartes: "Penso, logo existo."

Porém, há sempre uma área na vida que temos de conhecer mais profundamente. E o poker me trouxe esse desafio. Saiba que é necessário reciclar seus conceitos de tempos em tempos.

O mundo dos negócios apresenta os mesmos desafios que o poker. Um exemplo muito fácil de entender é o impacto da tecnologia nos negócios. Quem abriu uma videolocadora há alguns anos, ainda na época das fitas VHS, logo teve de se adaptar à chegada dos DVDs e trocar seu acervo. Mais recentemente, teve de começar a atualizar os títulos para o formato *blu-ray*. E, na prática, esse nicho de negócios tende a terminar devido à facilidade e à disponibilidade de baixar filmes pela internet, eliminando a necessidade da locação em videolocadoras. É incrível imaginar que alguém nos últimos anos ainda pense em inaugurar um negócio como esse, pois qualquer pessoa que conheça minimamente o nicho comercial consegue perceber que esse mercado está perto da extinção. A pouca demanda que, eventualmente, continuar a existir será suprida por algumas poucas lojas, já existentes.

Uma empresa em começo de atividades não pode ficar de fora de todo o cenário tecnológico atual. A forma como as pessoas consomem informações e também a velocidade com que incorporam novos hábitos às suas rotinas mudou radicalmente com a internet e a mobilidade. O seu negócio tem de prever e se encaixar nessa nova realidade.

Em certas áreas, é fundamental estudar ao máximo e conhecer a fundo as matérias que as envolvem. Isso acontece em medicina, acontece com o poker e principalmente com o negócio que você resolver desenvolver.

Entretanto, voltando ao ponto de ter essa mentalidade questionadora e inquieta, acabo novamente perguntando:

- ♦ O que é o sucesso profissional?

- ♦ O que é o bem-estar que tanto procuramos?

- ♦ Por que, na maioria das vezes, não estamos satisfeitos com o que temos?

CONHECENDO A TEORIA

Ser questionador não é nenhum problema. Na realidade, acredito que é uma das características que nos leva para a frente. Perguntar, questionar, ponderar e então agir: tudo isso é necessário. Apenas questionar e perguntar não são o bastante.

A procura pelas respostas é o que leva ao sucesso.

Quanto mais procuramos pelas respostas, mais os caminhos se abrem e as opções se desenham a nossa frente.

Por que será que a vida de muitos trabalhadores segue um curso mais ou menos predeterminado?

Comecei a notar, com certo espanto, que alguns colaboradores trabalhavam conosco desde o início. O tempo passava e eles continuavam exercendo suas funções cada vez com mais maestria e habilidade, mas... ainda eram as mesmas funções.

Eu olhava e pensava:

Qual é o futuro disso?

Quanto tempo ainda eles ficariam nessa posição, sem questionar sobre os próximos passos?

Será que não existia uma ambição para alçar voos maiores?

Descobri que muitas pessoas não têm essa característica questionadora, e não querem mesmo aprender o que há além do que fazem atualmente. O grande paradoxo é que não saber traz segurança.

Divagando um pouco, uma vez me peguei questionando ao ver um desses programas de televisão em que alguém transforma a vida de uma pessoa. Adoro o programa e toda a ideia embutida, mas assisti a uma história que foi bem emblemática e me fez questionar alguns valores.

Um pequeno garoto, de cerca de doze anos, muito habilidoso na prática do "esquibunda" nos areais do Ceará, descendo com uma prancha de madeira pelas dunas e fazendo manobras, foi convidado a ir para a neve e tentar praticar o *snowboard*. Jovem e impetuoso, o menino impressionou a todos e se emocionou também, ao fazer o que sabia com a prancha de *snow*, procurar manobras, aprender e até participar de um campeonato. Durante alguns meses, esse menino participou de uma ou duas competições, viajou e apareceu na televisão em rede nacional. Ficou famoso, e era realmente emocionante. Mas, acabados seus quinze minutos de fama, retornou à triste realidade de sua terra e da pobreza em que vivia.

Dez anos depois, durante uma comemoração de aniversário do mesmo programa, houve uma tentativa de reencontrar o menino que a todos emocionara. Após algum esforço, o protagonista da história foi encontrado. Ainda vivendo em condições de pobreza, entregou-se às drogas e era viciado em crack. Em seu depoimento, novamente emocionado, mas por outras razões, ele comentou que, após aquela oportunidade, nunca mais havia tido chances iguais, e, sem vislumbrar saída, mas ainda saudoso do mundo que conhecera, só viu o caminho das drogas para esquecer o que tinha vivido.

Não vamos nos ater aos detalhes dessa história, pois ela apenas ilustra um ponto em que eu estava tentando tocar. Não adianta simplesmente querer que todos tenham o mesmo ímpeto e as mesmas oportunidades. Se os acontecimentos de sua vida não estiverem embasados numa preparação emocional e até intelectual, adequada aos desafios que você enfrentará, os efeitos deletérios podem ser maiores que os benefícios.

O mesmo acontece com quem ganha uma fortuna de uma hora para outra. Quantos ganhadores da Mega-Sena ou de um *reality show* na televisão conseguiram capitalizar e fazer crescer seus ganhos? Quantos, após algum tempo, perderam tudo que conseguiram conquistar e retornaram ao patamar anterior?

Acredito piamente que a solução para um crescimento pessoal sustentado e real é você se preparar para ele. Somos um computador, com um poder de processamento excepcional. Temos a capacidade de aprender e de sempre expandir nossas capacidades de memória e retenção.

Quanto mais usamos nosso cérebro, mais ele se adapta para continuar se expandindo e aprendendo mais.

Neuroplasticidade: a maioria das pessoas ainda acredita que o nosso cérebro se desenvolve apenas durante a infância, e que depois, durante a vida adulta, se torna inflexível. Aliás, foi o que eu aprendi na época da faculdade de medicina. Esse conceito tem se modificado. Um trabalho da dra. Joenna Driemeyer, da Universidade de Hamburgo, em 2008, provou que o cérebro se modifica ao

CONHECENDO A TEORIA

aprender uma nova atividade ao longo dos meses. O trabalho comparou o crescimento de massa cinzenta após três meses praticando malabarismo.

O ponto crítico do estudo diz que aprender uma nova tarefa é mais decisivo para o cérebro mudar sua estrutura do que o treinamento contínuo de uma tarefa já aprendida.

Por que não tentar com o poker? Será que aprender um jogo não pode torná-lo mais inteligente? Exercitar a mente é tão importante quanto exercitar o corpo.

Particularmente, acredito que a leitura é uma das melhores maneiras de aprender e crescer culturalmente. Mas nem de longe é a única. Observação, saber escutar, conversar com pessoas mais experientes etc. pode ser o caminho para muitos.

O que está claro para mim é que os processos de educação formal (escolas, universidades, cursos em geral) apenas cumprem uma parte desse papel. Duas décadas atrás, havia uma preocupação muito grande em se formar numa faculdade e ter um diploma para poder ser bem-sucedido na vida. Hoje, o Brasil já alcançou um ponto em que ter um diploma universitário não é mais um diferencial. Com o número crescente de instituições de ensino e o maior acesso ao ensino superior, cada vez mais pessoas conseguem o tão sonhado canudo, e cada vez menos ele se torna uma garantia de sucesso.

Os cursos de formação acadêmica dão apenas uma parte do que é necessário para se destacar no mercado. O restante depende das iniciativas pessoais de cada um em diversas outras áreas, como aumentar a cultura, ter atividades extracurriculares, outras habilidades não relacionadas ao curso frequentado, falar outros idiomas e ter uma boa rede de relacionamentos sociais.

Estudar a natureza humana faz parte do processo de estabelecer boa relação. E, nessa busca, e com meu amor pela cultura em geral, minhas andanças me levaram a fazer outro curso: artes cênicas.

Sempre amei o teatro, e ele, por muitos anos, foi meu contrapeso. Saía da UFRJ, onde fazia medicina, e ia para a Casa das Artes de Laranjeiras (CAL), um dos mais conceituados cursos de teatro do Brasil, para estudar e aprender mais ainda sobre emoções, meu próprio corpo e sentimentos.

Quem já fez algum curso relacionado a artes sabe que, no fundo, tudo é um processo de estudo da alma humana. Emoções, motivações e questionamentos. Lá, aprendi sobre música, literatura e história da arte. Interpretar era uma parte interessante, mas assistir às interpretações e me emocionar em perceber o que há por trás de um texto era mais importante ainda.

Explicar qual foi o processo que me levou a ser questionador e como fui buscar as respostas pode não ser o que o leitor espera para suas próprias dúvidas. Mas existe um propósito: mostrar que não basta perguntar. Você deve ir atrás das respostas.

O interessante é buscar a resposta quando ainda não sabemos nem mesmo o que queremos perguntar. Ou seja, se municiar de conhecimentos para poder embasar suas ações.

Lição do poker: não dá para jogar qualquer jogo sem saber a teoria.

Não dá para empreender e construir seu negócio agindo no escuro. E, o mais importante: nem sempre é o treinamento formal (escolas) que faz a diferença. Muitas vezes, um talento ou *feeling* natural e uma atitude questionadora podem levar a respostas mais simples e eficazes.

Se pegarmos os casos de sucesso em negócios, além de um pouco de sorte, a grande maioria tem em comum um grande entendimento e a percepção do melhor que pode ser feito com o que se tem em mãos.

Chega um ponto em que podemos dizer: aqui, o que se planta cresce. O solo fértil é uma cabeça bem-preparada e questionadora.

Foi isso que me preparou para, mais tarde, entrar nesse mercado: não me ative à educação formal. Além de ler e aprender as regras, procurei outras fontes de conhecimento. Li livros, pesquisei informações na internet.

O que faz o aluno que aprende a teoria formal de maneira apenas mediana ser bem-sucedido? Preparar-se de um modo mais global para o mercado de trabalho.

Um dos segredos do sucesso empresarial é ter uma visão geral sobre o mercado.

Múltiplas escolhas e a teoria dos jogos

No entanto, para ser bem-sucedido, o processo de tomada de decisões é muito importante. O poker é um jogo em que você deve a todo momento analisar uma série de opções e escolher o caminho com a melhor expectativa.

Nesse jogo, existe um fator imponderável que nunca podemos evitar. Mesmo tomando todas as decisões certas, ainda existe um elemento de aleatoriedade capaz de gerar um resultado negativo. Exatamente como acontece no mundo dos negócios, em que você calcula todas as possibilidades, escolhe o melhor caminho e algo imponderável, ou a atitude de um rival, altera o resultado esperado.

Já que estamos falando sobre conhecer teoria para tomar as melhores decisões, existe um campo na matemática que tenta encontrar a melhor solução para jogos entre dois oponentes. É o estudo da teoria dos jogos, em que cada jogador escolhe ações diferentes que visam melhorar seu resultado, mas a ação de cada um interfere no resultado do outro.

Inicialmente, foi desenvolvida como uma ferramenta para prever o comportamento econômico (flutuações de bolsa, mercados...), e depois utilizada para definir estratégias nucleares. Hoje em dia, é aplicada em diversos campos acadêmicos e até por puro entretenimento.

É muito utilizada para estudar comportamento humano, pois a solução dos problemas com base na teoria dos jogos muitas vezes leva em consideração que cada lado quer levar a maior vantagem possível (vencer), em vez de empatar. Quando um "jogo" pode ser resolvido matematicamente com uma solução em que ambos os lados têm o melhor resultado possível, sem haver uma solução individual melhor para um deles, chegamos ao que ficou conhecido como "equilíbrio de Nash" — nomeado assim por conta do matemático John Nash, que ganhou o prêmio Nobel por seus estudos sobre teoria dos jogos. Como curiosidade, se você quiser conhecer mais sobre John Nash, pode assistir ao filme *Uma mente brilhante*, no qual ele é retratado. Russell Crowe ganhou Oscar de melhor ator por sua interpretação do matemático.

Um dos exemplos mais famosos de teoria dos jogos é conhecido como "dilema do prisioneiro". Ele representa bem o que quero explicar, porque cada jogador, de modo independente, quer aumentar ao máximo sua vantagem sem se importar com o resultado do oponente. E não é assim que funciona no poker, em que minhas decisões são tomadas para maximizar meus ganhos e derrotar meu adversário? Ou no mundo dos negócios, em que, ao entrar numa reunião, meu principal objetivo é aumentar ao máximo minhas vantagens? Ainda que esse nunca seja o discurso de alguém ao se sentar numa mesa de negociações, no fundo é o desejo de qualquer das partes.

No dilema do prisioneiro, as técnicas-padrão para tentar atingir o equilíbrio podem levar cada jogador a trair o outro em busca do melhor resultado individual. Na prática, o melhor resultado poderia ser atingido se ambos os lados cooperassem. Infelizmente, cada jogador é incentivado a fraudar o outro, mesmo após ter prometido colaborar; assim, o dilema é criado.

O jogo funciona da seguinte forma: dois suspeitos, "A" e "B", são presos pela polícia, que tem provas insuficientes para condená-los, mas, separando os prisioneiros, oferece a ambos o mesmo acordo. Se um dos prisioneiros confessa e testemunha contra o outro, e este permanece em silêncio, o que confessou sai livre, enquanto o cúmplice silencioso cumpre dez anos de prisão. Se os dois ficam em silêncio, a polícia só pode condená-los a seis meses de cadeia cada um. Se ambos traem o comparsa, cada um ganha cinco anos de cadeia. Cada prisioneiro toma sua decisão sem saber que decisão o outro vai tomar, e nenhum tem certeza da decisão do outro. A questão que o dilema impõe é: o que vai acontecer? Como cada prisioneiro vai reagir?

O exemplo é perfeito. A melhor opção é os dois ficarem calados, então eles cumprem uma pena média e não prejudicam um ao outro. Mas deixam de levar a vantagem de poder sair livres. O pior: como ter certeza de que o outro prisioneiro não vai cometer traição e de que não haveria uma pena muito maior a ser cumprida?

Casos como esse são recorrentes em economia e estratégia militar. Quem não consegue perceber a relação? Vamos pensar em um tema muito atual: o armamento nuclear.

CONHECENDO A TEORIA

Quando duas nações que buscam um estado de paz — que é o melhor para a economia e a segurança do país, e evita guerras — resolvem discutir sobre armamento nuclear, acontece o mesmo que no dilema do prisioneiro. Se os dois lados cooperassem e ninguém fizesse armas nucleares, seria ótimo para os dois (equivalente aos dois prisioneiros não confessarem). Mas um lado nunca terá a garantia de que o outro cumprirá o acordo, então cada um fica tentado a fazer suas armas nucleares de modo a não ficar para trás (o equivalente a confessar no dilema do prisioneiro). No fim, os dois lados vão perder, pois gastarão com armamento que não pretendem, em teoria, utilizar.

No poker, há uma situação de cooperação silenciosa que sempre gerou polêmica e que muito se parece com os exemplos citados. Aqui, quem não entende o jogo talvez precise usar um pouco de lógica, mas certamente não precisa entender as regras.

Num torneio, um jogador com uma quantidade de fichas pequena para o momento, conhecido como *short-stack*, vai *all-in*, colocando todas as suas fichas em jogo. Um jogador dá *call* na aposta com um jogo mediano. Um terceiro jogador, segurando, digamos, um ás e um valete, tem então uma decisão a tomar. Ou aumenta a aposta atual, tentando fazer com que o segundo jogador saia da mão para jogar apenas com o *stack* pequeno, ou apenas chama a aposta tentando usar de cooperação para eliminar o jogador que está em risco. As chances de o jogador pequeno ser eliminado aumentam mais quando existem dois outros jogadores na mão do que quando existe apenas um adversário (dado estatístico: qualquer mão no poker tem mais chances de ganhar quando menos adversários estão jogando).

Entra em questão, então, a dúvida do jogador que recebe o ás e o valete):

1. Tenta cooperar pelo bem comum, apenas dá *call* e fica dando *check* (deixando de apostar) até o fim da mão, para tentar eliminar o adversário pequeno? O risco aqui é um castigo para ele próprio, em que acaba perdendo as fichas que estão no meio para o adversário que deu *call* no *short-stack*, por não o ter tirado da mão quando houve oportunidade (aumentando com o ás e o valete).

2. Aumenta a aposta para tentar jogar sozinho contra o adversário pequeno, sabendo que, ao tirar o outro jogador da mão, corre o risco de diminuir as chances de eliminar o primeiro?
3. Joga o jogo desconsiderando que existe um adversário *all-in*, focando-se em tirar mais fichas do outro adversário que deu *call*?

Decisões como essa acontecem o tempo todo ao longo de uma mão de poker. Desde quando você recebe as duas primeiras cartas, deve escolher se sai da mão, paga a aposta atual ou faz uma aposta maior. E em cada pedaço de mão deve escolher entre as mesmas opções: *check/call* (pedir mesa/chamar a aposta), *bet/raise* (apostar/aumentar) ou *fold* (sair). Só que há um agravante: existem adversários na mão cujo interesse é, em última instância, ganhar de você. Além disso, eles também tomam decisões que podem modificar suas chances.

Vou citar outro exemplo clássico de Teoria dos Jogos que você pode usar numa reunião com amigos e que é bastante interessante até para ganhar um pequeno lucro. Tradicionalmente, esse jogo é conhecido como "leilão de um dólar", mas você pode fazer com qualquer valor.

É um jogo em que você é o leiloeiro e vai dar uma nota de um dólar (ou cem reais) para quem fizer a melhor oferta.

Funciona assim: o primeiro lance é de cinco centavos, e os lances seguintes devem aumentar sempre mais cinco centavos (ou, no caso de cem reais, de cinco em cinco reais).

O vencedor do leilão leva a nota, só que agora vem o pequeno detalhe. O perdedor tem obrigatoriamente de pagar o valor de seu lance também (cinco centavos a menos que o vencedor). Assim, os primeiros lances são simples: 0,05, 0,10, 0,15, 0,20, 0,25, 0,30, 0,35, 0,40, 0,45, 0,50. Só que, a partir daí, a situação se complica.

Isso porque pagar 0,55 para ganhar 1 é uma grande oferta, mas pagar 0,50 para não levar nada não é. Portanto, o jogador que estiver no lance de 0,50 terá um grande incentivo para aumentar sua oferta e, assim, colocar o castigo (pagar 0,55) para o outro jogador. E, além de tudo, ele

CONHECENDO A TEORIA

tem um incentivo, pois pagar 0,60 para ganhar 1 ainda é bem interessante. O leiloeiro já está ganhando mais que o 1 que estava em jogo; os jogadores, pagando menos que 1 e, portanto, com incentivo para continuar no jogo. E somente o perdedor ficará com um gosto amargo na boca de pagar e não levar nada.

Ainda mais curioso é o fato de que, chegando próximo ao valor máximo, o jogo tende a parar, mas não é o que acontece na maioria dos casos estudados, pois, quanto maior o prejuízo do segundo colocado, mais ele tende a tentar punir o outro aumentando a oferta e tirar o prejuízo de si próprio.

É claro que a melhor estratégia é que os dois cooperem, deem apenas um lance e dividam o lucro, mas aí entra a psicologia. Quando os jogadores são estranhos entre si, e acham que não podem confiar um no outro, tendem a aumentar o lance e deixar o problema de lidar com a perda para o outro lado.

Esse tipo de jogo tem uma forte semelhança com o que leva as pessoas a movimentar o mercado de ações com compras e vendas.

O Leilão do Dólar é muito bom como diversão numa reunião com amigos.

Se pararmos para pensar, situações semelhantes ao Leilão do dólar acontecem o tempo todo no mundo dos negócios. Quando uma empresa entra numa concorrência, o leiloeiro é o contratante, e os jogadores são as empresas que estão concorrendo. Ambas fazem seus lances, que incluem gastar tempo e dinheiro na preparação de suas campanhas. Mas, no final, apenas uma realizará o trabalho, e à outra sobrará apenas pagar os custos que teve, sem obter lucro algum.

Da mesma forma que o QI pode ser uma boa representação da inteligência de uma pessoa, e o sucesso na vida pode ser relacionado à inteligência emocional, acho que posso traçar um paralelo entre o processo de tomada de decisões e o planejamento mais eficiente, ou seja, uma ajuda para o sucesso nos negócios. Se você quer vencer nesse mundo, precisa estudar e entender bem a teoria dos jogos e como as ações estratégicas de outros podem alterar seu próprio sucesso.

O y da equação: o adversário

Dá para perceber como é importante não só conhecer bem seu mercado, mas também os jogadores que atuam nele?

O poker não é somente um jogo de cartas, mas também de leitura de pessoas e de estratégias baseadas na previsão das ações dos adversários, tirando o melhor proveito para aumentar seus ganhos.

Simplificando: imagine que você tem a melhor mão numa jogada e vai com certeza ganhar o pote. Você tem duas opções: apostar e correr o risco de o adversário não pagar sua aposta, ou não apostar, esperando que o adversário aposte alguma coisa, para que então você possa aumentar essa aposta e ganhar um pouco mais que na primeira opção (o chamado *check-raise*). O problema é que você deve tentar prever com algum grau de certeza qual será a atitude do adversário. Mais ainda, deve prever, no caso em que decida apostar, qual valor de sua aposta tem maior probabilidade de ser chamada.

Ou seja, o jogo deixa de ser simplesmente matemático (embora você possa procurar soluções dessa forma) e passa a incluir as ações do adversário para seu melhor ou pior resultado, como no estudo da teoria dos jogos.

Você tem de tentar entender se o adversário pensa estar em vantagem e, por isso, poderia apostar. Dessa forma, você é capaz de ganhar mais. Se o adversário pensar que está perdendo, você pode perder também por não ter aproveitado a oportunidade de apostar.

Você tem de decidir de que maneira consegue ter a maior lucratividade, qual ação leva ao melhor resultado.

Na teoria dos jogos, o melhor seria o equilíbrio, em que os dois ganham; porém, esse não é o objetivo no jogo de poker. O objetivo é ganhar do adversário. E o detalhe é que sua tomada de decisões depende da de seu opositor. Se, por exemplo, você resolve que vai *all-in* em todas as mãos, o adversário pode adotar uma estratégia em que só chamará quando estiver com uma mão provavelmente favorita (um par de ases). Assim, sua estratégia se torna perdedora para você. Se sua estratégia for previsível, o adversário poderá explorá-la e usar uma contraestratégia.

CONHECENDO A TEORIA

Na teoria do poker, chamamos de estratégias exploráveis aquelas em que pode ser traçada uma contraestratégia que traga melhores resultados. Idealmente, você deve jogar o poker com estratégias não exploráveis.

Um exemplo ocorre quando você resolve aumentar a aposta após receber suas duas primeiras cartas. Se você adota o hábito de aumentar forte somente quando tem cartas boas na mão, e aumenta um pouco mais baixo com cartas medianas, um adversário atento pode reparar que você está usando uma estratégia explorável.

Assim, toda vez que você aumentar forte, ele terá a leitura de que você tem um jogo bom e não participará da mão. Por outro lado, quando você aumentar um pouco menos, ele saberá que seu jogo não é tão forte e poderá colocar pressão fazendo um reaumento e tirando você da mão.

Para que sua estratégia não seja explorada dessa forma, basta que você adote uma solução simples: ao aumentar uma aposta, fazer sempre um mesmo valor, padronizado, seja sua mão forte ou mediana. Dessa forma, o adversário não poderá adivinhar a força da sua mão apenas pela quantidade que você apostou.

O mesmo acontece nos negócios, em que, se suas ações seguirem um roteiro predeterminado, seus concorrentes podem prever seus próximos passos e se preparar para eles. Por isso falamos tanto em inovação. E, para isso, sempre é necessário pensar não somente em como você agirá, mas também no movimento que seus concorrentes tendem a realizar. No caso do poker, particularmente, você tem de saber também qual deve ser a ação mais provável de seu adversário para que seja possível explorá-la adequadamente.

Existe outro exemplo técnico ligado ao jogo de poker chamado *donk bet*. No Texas Hold'em, cada jogador recebe duas cartas e deve decidir se participará do jogo. Quando acha que sua mão é muito boa e tende a ser a melhor, costuma aumentar a aposta. Se algum adversário apenas chama, está passando a mensagem de que acha que tem uma mão boa o suficiente para jogar o restante da rodada, mas não excelente para aumentar novamente a aposta.

Os jogadores, então, passam para o segundo estágio da mão, chamado *flop*, em que são abertas três cartas comunitárias na mesa.

Agora, um pouco de conhecimento matemático. Supondo que os dois não têm pares em suas duas primeiras cartas, eles só terão melhorado seus jogos, fazendo ao menos um par junto às cartas da mesa, em cerca de um terço das vezes. Em outras palavras, quem estava à frente antes do *flop* tende a continuar também depois. Assim, a lógica diz que o jogador que aumentou antes do *flop* deve continuar apostando, e essa ação tem o nome de *continuation bet* (uma aposta de continuação da agressividade realizada antes do *flop*).

Quando o jogador que não foi o agressor antes do *flop* acerta algum tipo de jogo, melhorando sua mão com as cartas da mesa (faz um par ou algo melhor), acha que agora está à frente, que pode tomar a dianteira e sair apostando. Mas como, pela lógica, o adversário tende a continuar apostando, a melhor opção parece ser não apostar, mas esperar o adversário agir com a *continuation bet* e depois aumentar a aposta para ganhar mais.

A decisão de apostar ou não contra o agressor antes de dar tempo de ele fazer a *continuation bet* é chamada de *donk bet* (*donkey* é "burro" em inglês). É uma aposta contraintuitiva, pois, em teoria, você ganharia mais se não apostasse e esperasse o adversário apostar primeiro.

No entanto, sua tomada de decisão deve incluir o risco de o adversário não fazer a *continuation bet*. Vários fatores podem influenciar na decisão dele de fazer ou não a aposta de continuação. Você tem de computá-los antes de tomar sua decisão. Seu lucro depende da sua decisão não só com base na força de sua mão, mas também no estudo e análise do comportamento de seu adversário.

Prever se o adversário irá fazer uma aposta não é um exercício de adivinhação. É, sim, utilizar a observação de ações do adversário no passado para tentar prever suas estratégias futuras. É um estudo do comportamento do seu competidor.

O uso de frequências e estatísticas no poker para prever ações do seu adversário é muito comum. A prática do poker desenvolve a habilidade de fazer observações sobre o futuro baseadas em ações passadas dos adversários.

CONHECENDO A TEORIA

No livro *Cowboys Full*, de James McManus, que conta a história do poker, há outras histórias pitorescas sobre o poker. Uma delas mostra como o presidente Barack Obama se utilizou de sua roda de poker para criar *lobbies* e trilhar seu caminho até a presidência. Associações entre pessoas com diferentes formações mas com interesses comuns são frequentes nos jogos de poker.

Ao longo de minha história corporativa, juntei-me a outros que tinham os mesmos interesses que eu. Saber encontrar as pessoas certas às quais se associar acaba sendo um dos pontos principais para o sucesso de um empreendimento. Procure juntar-se a pessoas que têm tanto talento e brilho quanto você (ou mais ainda).

Mas quais características procurar ao se associar a alguém? Algumas dicas:

♦ Possuir os mesmos interesses.

♦ Ter personalidade e qualidades complementares.

♦ Integridade.

♦ Não ser individualista.

Eu não teria conseguido fazer nada sozinho

Como já foi mencionado, em 2012, me associei ao jogador Dejan Petkovic. Pet era um dos meus maiores ídolos no futebol. O que eu pouco conhecia era seu talento como empresário. Pet possui restaurantes, uma academia de ginástica, duas empresas de tecnologia e uma de eventos. Sou sócio em duas delas, sendo que juntos tocamos a empresa de eventos que leva seu nome, Deki10 Eventos. Pet é uma das pessoas mais íntegras que conheço. Sua formação europeia e, com certeza, familiar, trouxe para o convívio empresarial várias lições de ética nos negócios somados a uma humildade em ensinar e aprender. A amizade transcendeu a sociedade e acredito que esse foi um dos motivos do sucesso da parceria.

Já meu primeiro sócio, Leandro "Brasa", mantinha comigo uma relação de "água e óleo". O que eu tinha de sério e compenetrado, ele tinha de simpático e aberto. Fazíamos o que uma dupla de sócios deve fazer: tínhamos características complementares que ajudavam o outro a se desenvolver.

Leandro, no início da empresa, foi o grande relações-públicas e aquele que melhor soube lidar com os clientes, enquanto eu pensava na infraestrutura. Com o tempo, fomos aprendendo a habilidade um do outro. Essa troca e esse aprendizado foram fundamentais para que muitos projetos fossem adiante.

Às vezes, ele era a mola mestra que trazia o progresso, e, em outros casos, eu tomava as rédeas. Em algumas reuniões, ele fazia o contato inicial e eu ia fechar os acordos. Eram abordagens diferentes que se complementavam para ajudar nossa empresa.

E, assim, cada vez mais estávamos aprendendo tudo sobre o mercado que enfrentávamos. Estávamos com os pés dos dois lados do campo.

É preciso conhecer o negócio por dentro e por fora.

No processo de se tornar o melhor no que você faz e de ser bem-sucedido, você tem de pensar por todos os ângulos. Tivemos concorrência em todos os passos que demos desde que fundamos o Circuito Paulista. Lançávamos um torneio, e alguém tentava fazer algo semelhante. Só que o nosso ia para a frente, e os outros iam ficando pelo caminho.

Recomendo a leitura do livro *A estratégia do oceano azul*. Nele, são descritas várias maneiras que, direta ou indiretamente, meus grupos de negócios adotaram para tornar a concorrência irrelevante e dominar o mercado. Isso, claro, respeitando os concorrentes. As estratégias dizem respeito a como tornar o seu negócio essencial e diferenciado no mercado, de modo que mesmo com a presença da concorrência o meu produto continue sendo a referência em termos de qualidade e satisfação para o cliente.

É claro que o exemplo que dou é extremamente específico. O poker é um mercado imaturo e em formação no Brasil. Muitas pessoas ainda nem abriram a cabeça para as oportunidades que existem nesse nicho.

CONHECENDO A TEORIA

As oportunidades nesse mercado são tantas mas ainda não testadas no Brasil. Como o público consumidor do poker tem um bom poder aquisitivo, o mercado de luxo pode ser um caminho: joias, equipamentos eletrônicos, roupas com grifes, bebidas energéticas.

No ano de 2011, empresas ligadas a marketing esportivo e ao mercado de publicidade começaram a enxergar o poker como um nicho interessante.

A cerveja Nova Schin lançou em 2011 um comercial de televisão com o tema "pokerzão com os amigos" fazendo relação com o slogan da cerveja — "um cervejão".

Algumas figuras importantes do esporte já defenderam o poker como atividade mental. Ronaldo, que também é dono de uma agência de marketing esportivo, é um grande jogador de poker.

Pilotos como Thiago Camilo, Gualter Salles, Cacá Bueno e Rubens Barrichello são praticantes. Outros esportistas como Fernando "Xuxa" Scherer, Mauren Maggi, Giovane Gavio, Oscar Schmidt, Gustavo Kuerten e o próprio Petkovic, já participaram de torneios pelo Brasil.

Acredito que a preparação para a batalha é tão ou mais importante que a batalha em si.

Por que, nos esportes, os atletas treinam até a exaustão? Somente o talento não resolveria?

Por que os militares se preparam tanto antes de entrar em combate?

Antes de se arriscar, esteja preparado. Essa é a receita para o sucesso tanto no poker quanto nos negócios.

9

Poker face: lendo pessoas e oportunidades

Uma pessoa que não lê não tem vantagem alguma sobre uma que não sabe ler.

Mark Twain

UMA DAS MAIORES habilidades que um jogador de poker precisa desenvolver é ler as intenções dos adversários. Costumo dizer, em meus cursos, que o poker não é um jogo de cartas, mas de pessoas. Entender como um adversário está pensando pode fazer com que você ganhe uma mão que parecia perdida. Ou, ainda, em outros casos, fazê-lo largar uma mão e minimizar seu prejuízo, quando você percebe que o adversário está muito forte e ganhará a mão.

Todavia, um dos pontos fundamentais para tentar fazer a leitura do adversário é aprender a identificar os sinais que o corpo dele está enviando. Esses sinais podem vir da postura, dos movimentos, das expressões faciais, do relaxamento ou tensão e até da fala do oponente.

Aprender a realizar uma leitura corporal pode vir instintivamente e de forma natural para algumas pessoas, mas o que poucos sabem é que existe uma área do conhecimento que se preocupa exclusivamente em estudar a linguagem do corpo. Em tradução para o portu-

POKER FACE   135

guês, essa ciência se chama cinesiologia, ou o estudo dos movimentos (*kinetics*).

Quem quiser entender e acompanhar o trabalho de um especialista em leitura corporal pode assistir a *Lie to Me*, uma interessante série feita para a televisão. Nela, o personagem Cal Lightman, interpretado pelo ator Tim Roth, lidera uma equipe de investigadores especialistas em leitura corporal e detecção de mentiras.

Utilizando diversas técnicas ligadas ao reconhecimento de padrões de expressão, comportamento, atitudes e fala, o time consegue distinguir verdade de mentiras e, assim, desvendar crimes. A série, que naturalmente é feita com o simples intuito de divertir e em alguns casos força situações, mostra em seus primeiros episódios algumas cenas reais que representam claramente o poder da leitura corporal. Por exemplo, num dos primeiros episódios, é mostrado um discurso em que Bill Clinton, na época presidente dos Estados Unidos, afirma não ter feito sexo com sua estagiária, Monica Lewinsky. Sua expressão denotava claramente que ele estava mentindo, fato que depois ficou comprovado publicamente. A cada episódio algumas técnicas de leitura facial e corporal são apresentadas ao público. O programa é, no mínimo, bastante divertido e um prato cheio para os jogadores de poker.

Indo da televisão para a literatura, chego a um de meus autores favoritos, o americano Jeffery Deaver. Você talvez conheça um dos filmes baseados num de seus livros: *O colecionador de ossos*. Este livro tem como protagonista o detetive e perito forense Lincoln Rhyme, que, após um acidente de trabalho, fica tetraplégico e só consegue mexer um dedo, além de manter a fala e os movimentos faciais. No cinema, esse personagem foi interpretado por Denzel Washington, e Angelina Jolie interpretou a policial Amelia Sachs, que ajuda Rhyme no caso. Mas não foi em *O colecionador de ossos* que Jeffery Deaver utilizou a cinesiologia em suas histórias. Em alguns de seus romances, ele tem como heroína a investigadora Kathryn Dance, especialista em interrogar suspeitos usando técnicas de leitura corporal. Com muito mais detalhes do que na série *Lie to Me*, Deaver descreve com pormenores técnicas de leitura corporal e como elas podem ser usadas em diversos tipos de interrogatório.

É muito interessante ler a teoria por trás do processo e perceber que algumas das técnicas são intuitivas. Eu, por exemplo, já fazia isso no poker sem entender o porquê.

No poker, quando percebemos algum tipo de pista no comportamento de um adversário que nos ajuda na leitura de suas intenções, dizemos que o jogador deu um tell.

Entretanto, não é apenas no campo da ficção que tais técnicas existem. Um caso famoso é o do investigador do FBI Joe Navarro.

Navarro, que hoje é autor de livros voltados para o público de poker e também palestrante e instrutor para jogadores, é um investigador especializado em cinesiologia. Entre suas obras, a mais conhecida chamase *Read them and Reap them* (*Leia-os e ganhe*), na qual ele explica como os jogadores de poker deixam transparecer através do corpo algumas intenções, apresentando sinais de força ou fraqueza. Além de ler as informações corporais, Joe Navarro também se tornou um especialista em detectar mentiras.

Em 2005, Annie Duke, jogadora profissional de poker muito conhecida nos Estados Unidos, foi convidada a participar de um programa no Discovery Channel chamado *More than Human.*

A premissa do episódio era colocar humanos especializados em detectar mentiras contra máquinas detectoras com a mesma função.

Eles selecionaram três pessoas cujas vidas dependiam de saber perceber quando alguém estava falando a verdade ou não: um médico chamado Turri, Joe Navarro, representando um policial do FBI, e a própria Annie Duke, representando os jogadores de poker.

A ideia era que um apresentador respondesse a 25 questões aleatórias. Algumas respostas seriam mentiras e, outras, verdades. Contra essas pessoas havia um polígrafo — que detecta mudanças na voz — e um aparelho que detecta a dilatação na pupila.

Tanto Annie Duke quanto Joe Navarro obtiveram resultados melhores que as máquinas, conseguindo 72% de acertos.

Após esse programa, Annie se interessou ainda mais pelo assunto, e acabou iniciando uma amizade com Joe Navarro, trazendo-o para o

POKER FACE

mundo do poker. Joe então passou a aliar seus conhecimentos de cinesiologia às técnicas de poker e começou a ensinar jogadores profissionais a melhorar suas leituras corporais.

O tema cinesiologia é tão rico que vai desde as afirmações mais clássicas e óbvias, como "forte significa fraco e vice-versa", até técnicas de leitura sutil de contração de certos músculos faciais e microexpressões que acontecem apenas por frações de segundo.

O que diferencia um expert no poker e nos negócios de seus competidores é sua habilidade inata para ler pessoas e entender suas intenções. Sem essa habilidade, um bom jogador irá permanecer apenas bom. E no mundo dos negócios será mais um peixe no mar. Com essa habilidade desenvolvida e trabalhada, você poderá se tornar um tubarão para os peixes.

Tem um provérbio cantonês que diz: cuidado com o homem cujo estômago não se mexe quando ele ri. A sabedoria desse ditado está em entender que o processo natural de alguns sentimentos não pode ser disfarçado aos olhos experientes, que sabem o que procurar.

No livro *A linguagem das emoções*, de Paul Ekman, existe a descrição de como um sorriso é executado pelos músculos da face, tanto naturalmente, de forma espontânea, como quando acontece de forma forçada.

Os músculos faciais não se movem apenas por uma via motora voluntária. Eles também se contraem para adotar expressões, através de uma via involuntária controlada por feixes nervosos dos tratos supraespinhais descendentes e por um componente cerebelar que controla a harmonia e sinergia desses músculos.

Certos movimentos da face — como os que acontecem ao sorrir, chorar e gritar — são inatos, ou seja, não são aprendidos, já nascemos com eles. Porém, podemos aprendê-los por imitação e começar a reproduzi-los de forma consciente. Nesse processo de aprendizado, mimetizamos o que enxergamos; assim, filhos adotam maneirismos parecidos com os dos pais e com a cultura em que estão inseridos. Mas, ao mesmo tempo, um índio chora da mesma forma que um europeu quando esse choro é espontâneo.

Conforme vamos crescendo, aprendemos a disfarçar nossas emoções e a controlá-las por uma necessidade social.

Vamos pensar em expressões de atenção, interesse súbito. Quando um interlocutor presta atenção espontânea a algo, ocorre a elevação do supercílio e da pálpebra superior (como que para enxergar melhor). Os músculos da mastigação ficam relaxados, o que faz com que a boca se abra ligeiramente. Começam a se formar pregas verticais entre os supercílios e sobrancelhas, causadas pela contração do músculo corrugador do supercílio e pelo músculo orbicular do olho.

Agora, quando há dúvida ou interrogação — por exemplo, quando o adversário está desconfiado que você está blefando —, ocorre não somente a contração de um dos corrugadores do supercílio, mas também do músculo frontal no lado oposto, gerando uma expressão assimétrica.

Ficou difícil de acompanhar os pormenores anatômicos? Eu poderia seguir com vários exemplos técnicos, mas vamos pensar em um bem simples. Aquele relacionado ao sorriso. Ao sorrir naturalmente, o canto dos lábios se curva para cima, puxado por um grupo muscular, o complexo do músculo bucinador (também são utilizados os músculos zigomático, levantador do ângulo da boca, levantador do lábio superior e da asa do nariz). A boca assume um aspecto côncavo e arqueado.

Quando sorrimos forçadamente, utilizamos o músculo risório, e o canto da boca vai para os lados, e não para cima. Esse músculo não consegue elevar os lábios em direção aos olhos; assim, a boca é puxada para os lados, com uma lateralização, mas sem ir para cima.

O sorriso verdadeiro, que damos quando estamos felizes, faz com que a boca se curve para cima, em direção aos olhos; o músculo zigomático puxa a ponta dos lábios para cima, e os olhos se apertam ligeiramente, gerando aquelas rugas de expressão laterais (o famoso "pé de galinha").

É como se o sorriso natural fosse um sorriso verticalizado, e o sorriso social, voluntário, um sorriso horizontal, para os lados.

Vamos deixar de lado os pormenores da mímica facial, que junto com a cinesiologia daria material para um livro inteiro. Que tal passar para alguns *tells* que se repetem em mesas de poker e salas de reunião, e que são fáceis de perceber?

Por exemplo, vou deixar um *tell* que dá água na boca e que passei a usar muito em negociações, até mais do que na mesa de poker. Ele vem da simples observação das mãos de seu interlocutor.

POKER FACE

Como a maioria das reuniões de negócios acontecem em mesas com os interlocutores sentados, suas técnicas de leitura corporal ficam restritas a postura, trejeitos, tronco, face e mãos dos participantes. Assim, vale a pena prestar atenção nas mãos das pessoas envolvidas, pois elas têm muito a dizer sobre o estado de espírito dos seus interlocutores. Simplesmente observando as mãos podemos verificar algumas reações que podem indicar o prazer e, portanto, que a reunião está seguindo um bom caminho.

O *tell* de mais alta confiabilidade é aquele em que a pessoa, ao perceber algo que lhe deu prazer (no caso do poker, uma carta que aparece na mesa de um jogo forte, por exemplo), toca as pontas dos dedos das mãos, unindo-as, sem, porém, entrelaçar os dedos. É como se tocasse a ponta do indicador de uma mão na da outra e fizesse o mesmo com os outros dedos; mais ou menos como se estivesse reunindo as mãos para rezar.

Numa mesa de poker, os jogadores podem estar cientes desse *tell* e tentar evitá-lo; mas, se as mãos estiverem livres ou eles não souberem da existência do *tell*, é bem fácil reparar.

Essa reação é instintiva e ligada ao prazer e à excitação, governada involuntariamente por nosso sistema límbico, região do cérebro localizada na parte medial, considerada a responsável por lidar com as emoções. É composta pelas amídalas, o hipocampo, o tálamo, o hipotálamo, o giro cingulado, o tronco cerebral, a área tegmentar ventral, septo e a área pré-frontal.

A perda ou lesão de uma dessas estruturas leva a alterações profundas no comportamento agressivo. A lesão das amídalas, por exemplo, uma em cada hemisfério cerebral, faz com que a pessoa fique dócil, descaracterizada afetivamente e indiferente a situações de perigo ou risco. Já o estímulo elétrico dessa região leva à agressividade. O indivíduo pode perder o sentido afetivo da percepção de uma informação externa. Consegue reconhecer uma pessoa, mas não sabe se gosta dela ou não. É, junto com o hipotálamo, o centro identificador do perigo, colocando a pessoa em estado de alerta, pronta para reagir ou fugir. No hipotálamo, além do comportamento, também são controlados parâmetros do corpo como temperatura, fome e sede. Além das funções regulatórias, tem relação direta com emoções como prazer, raiva, aversão e tendência ao riso. A ansiedade pode ser gerada pelo hipotálamo, e no seu extremo, os estados de pânico. Por esse motivo, uma parte importante das terapias contra depressão se baseia em agir sobre o hipotálamo e sobre as substâncias que ele produz.

Mais associado diretamente ao prazer, podemos pensar na área tegmentar ventral, que em indivíduos normais secreta dopamina. A ausência de dopamina pode fazer com que a pessoa não sinta prazer nas atividades normais da vida e opte por alternativas mais nocivas na busca pelo prazer, como uso de drogas, alcoolismo, comportamentos promíscuos, e até compulsão por doces e por jogo.

Uma dica que serve tanto para o ambiente de negócios quanto para o poker é: para evitar dar *tells*, use um aliviador de tensão. Em um ambiente corporativo, segure uma caneta durante a reunião. Só cuidado para não deixar outros sinais de insegurança ou ansiedade transparecerem, como ficar escrevendo ou rabiscando continuamente em uma folha de papel. Tente focar em manter a neutralidade.

Numa mesa de poker, procuro segurar fichas, em vez de deixar minhas mãos próximas e soltas. É uma das maneiras de usar as fichas como aliviadoras de tensão. Aqui, mais uma vez, a ficha também pode passar a tensão se você utilizá-las de forma compulsiva e contínua. Tente estabelecer um padrão de neutralidade.

Numa reunião, como eu já disse, segurar uma caneta pode ajudar nesse processo de esconder suas sensações. É o que chamamos de "bengala", um objeto que ajuda a esconder a tensão ou disfarçar movimentos e posturas involuntárias.

O cigarro é uma bengala com efeitos diretos, inclusive sobre a ansiedade e a tensão. Quando oferecerem uma água ou cafezinho em uma reunião, sempre aceite. Eles podem ajudar como aliviadores de tensão.

Por outro lado, entrelaçar os dedos fechando as mãos juntas é um sinal típico de fraqueza. No poker, pode significar que o adversário tem um jogo fraco, mas em reuniões pode demonstrar incertezas, medos ou até que a negociação não está indo bem.

Esses sinais são importantes quando representam uma mudança de estado. Ou seja, a pessoa parte de uma posição neutra para então adotar uma dessas posturas com as mãos. São sinais fortes que devem ser levados em conta.

Esse ponto é muito importante. Os chamados *tells* são mais fidedignos quando você consegue perceber uma mudança no comportamento de alguém. Por exemplo: sair de uma postura rígida para uma mais relaxada. Ou estar mexendo em fichas na mesa de poker e parar abrupta-

POKER FACE
141

mente durante uma jogada. Isso demonstra que o interesse por aquela situação aumentou repentinamente.

Casos clássicos que precisam ser aprendidos são as situações em que o corpo está negando acesso ao interlocutor com uma mudança de estado. Por exemplo: quando no meio de uma explicação o seu ouvinte se ajeita na cadeira, afastando o corpo da mesa. Ou quando subitamente cruza os braços. Esses são sinais clássicos de fechamento. O interlocutor adotou uma postura de defesa e provavelmente não está ouvindo o que você está dizendo. Se você reparou essa súbita mudança de postura, uma boa técnica é parar e interagir com esse ouvinte. Faça uma pergunta, tente mudar o estado em que ele se encontra e trazê-lo de volta à interação e a uma postura mais aberta ao diálogo.

Você pode usar situações como essa a seu favor fazendo o oposto: criando uma tensão.

Uma vez eu estava no meio de uma apresentação para possíveis investidores quando um deles se distraiu com um e-mail que chegou em seu computador, parando por alguns segundos para olhar. Nesse momento, eu interrompi a apresentação, simplesmente parando de falar no meio de uma frase, e fiquei olhando para ele, aguardando que sua atenção retornasse. Não fiz isso com raiva ou com repreensão, apenas parei como quem educadamente espera por outra pessoa. Os sócios dele no mesmo momento o repreenderam com os olhos e sugeriram que ele fechasse o computador. A tensão foi criada, e isso poderia soar antipático, mas na realidade a técnica, quando bem utilizada, pode fazer com que a partir daí a atenção seja redobrada. No caso foi o que aconteceu, e o resultado da reunião foi excelente.

Tente aprender os sinais que demonstram que seu interlocutor perdeu o interesse no que você está dizendo, tais como: reclinar-se na cadeira, cruzar os braços, desviar o olhar por tempo prolongado, ter a atenção facilmente desviada por barulhos no ambiente, começar outra atividade em paralelo, escrever no meio de uma fala sua etc.

Porém, para quem nunca jogou poker, a principal lição que aprendi e que trago para o mundo corporativo é: forte significa fraco e fraco significa forte.

No livro *A arte da guerra*, de Sun Tzu, existe a seguinte citação: "Se um indivíduo é capaz e forte, então ele deveria se disfarçar para que aparente ser inepto e fraco."

É, simplesmente, a tendência natural das pessoas, de esconder sua real intenção agindo de forma oposta à esperada. Antes de tentar tirar alguma conclusão sobre as atitudes de alguém, pergunte a si mesmo se aquela pessoa tem uma razão para tentar enganá-lo. Caso sim, espere que ela aja demonstrando força quando estiver fraca e demonstrando fraqueza quando estiver forte. Sua habilidade para perceber a outra pessoa, seja pelas ações ou pelas palavras, é a chave para determinar como ela irá agir.

Por exemplo: é comum no meio de negócios que as pessoas julguem as outras baseadas em aspectos qualitativos do treinamento e da experiência de vida, como em qual faculdade estudou, quais títulos têm na parede, onde trabalhou anteriormente. Tome cuidado para não entrar em prejulgamentos baseados nesse tipo de coisas, pois isso irá bloquear suas chances de perceber a pessoa pelo que ela é, e de entender suas intenções.

Quando numa reunião alguém apresenta um negócio muito bom, com retorno garantido, e tenta de todas as formas possíveis entusiasmá-lo e falar apenas das maravilhas da proposta, pode ter certeza de que nem ele mesmo tem tantas certezas assim.

No mercado de ações existe uma necessidade de agir forte, já que a formação de preços é influenciada pelo grau de confiança dos investidores no futuro de uma companhia. Quando uma ação começa a ir em uma direção de baixa, uma das preocupações de uma empresa deve ser conseguir que investidores comecem a comprar com voracidade para reverter a queda. E se algum grande jogador desse mercado entrar comprando com força, provavelmente outros pequenos jogadores virão atrás e manterão esse impulso. Por esse motivo, mesmo em meio a grandes crises, os CEOs de uma grande empresa precisam de discursos otimistas, reforçando constantemente que o negócio vai de vento em popa.

É a tendência natural ao blefe. Ele existe em todas as negociações; afinal, os dois lados têm objetivos e querem extrair o máximo possível no processo de troca que envolve uma negociação.

POKER FACE

Entender as intenções dos seus adversários no poker é fundamental para uma boa leitura. E no jogo é fácil de perceber que o objetivo do seu adversário é conseguir todas as suas fichas. No mundo dos negócios, entender as motivações do seu interlocutor é fundamental para ajudá-lo a ler sua linguagem corporal.

Abraham Lincoln disse: "Quando estou iniciando uma conversa com um homem, gasto um terço do meu tempo pensando sobre mim e o que eu vou dizer, e dois terços pensando sobre ele e o que ele vai dizer."

Outra lição importante é tentar não pensar que os outros agiriam seguindo a mesma linha de raciocínio que você.

No poker é comum, devido ao seu nível de técnica, que você considere certas jogadas o padrão *standard* para uma situação, e você sabe que nunca jogaria aquela mão de uma maneira diferente porque seria incorreto do ponto de vista estratégico, matemático ou técnico. E do modo como você encara aquela situação, tudo fica parecendo tão óbvio que passa a ser impossível acreditar que outra pessoa agiria de forma diferente.

Um dos principais pontos que abordo no meu curso é que para ler uma pessoa e suas jogadas é fundamental entender qual a linha de pensamento daquele indivíduo. Para isso, é necessário perceber qual o grau de conhecimento técnico envolvido e tentar pensar como você faria se aquele fosse o seu nível.

Primeiro é importante entender como a maioria das pessoas agiria em uma situação. E pensar as alternativas que você tem para agir como essa massa. Depois, pensar na exceção e no excepcional.

O que é uma negociação em essência? É apenas uma troca entre dois ou mais participantes. Às vezes, de um serviço ou produto por uma compensação financeira ou por outro serviço ou produto.

O que temos de entender é que tudo isso é instintivo, e quanto menos estivermos atentos, mais o faremos inconscientemente. Portanto, se você estiver jogando poker contra um profissional ciente de todos esses *tells* de seu corpo, ele pode propositadamente disfarçá-los. Entretanto, para sua sorte como jogador, ou como negociador, a grande maioria das pessoas não está atenta e não procura disfarçar seus instintos. O paradoxo está em que a atitude normal é justamente tentar disfarçar seu estado.

Assim, quando alguém está muito interessado em algo durante uma negociação, tenta parecer desinteressado (fraco significando forte). Para descobrir se o adversário está ou não agindo naturalmente, você recolhe informações ao longo do tempo. Mesmo o profissional mais atento não consegue atuar o tempo todo. Para descontraí-lo, tente conversar sobre algo que não está em foco. Se estiver numa mesa de poker, fale sobre outros assuntos, tente tirar a atenção do oponente do jogo para assuntos mais triviais e analise a postura dele nesse estado relaxado.

O truque que utilizo no mundo corporativo é bem parecido. Sempre procuro puxar um papo sobre algo não relacionado à reunião. Às vezes, cinco minutos falando de algo trivial, não relacionado ao encontro de negócios, pode servir. Tente um show que está na cidade, um filme que deseja ver ou uma viagem que deseja fazer. Não vale simplesmente falar do trânsito ou do tempo. Esses assuntos não relaxam ninguém nem tiram o pensamento do foco da reunião. Tente realmente descontrair um pouco o ambiente para poder fazer uma leitura de seu interlocutor num estado mais relaxado.

As pessoas são motivadas pelos seus próprios pensamentos e circunstâncias e não pelos nossos. Assim, os grandes líderes são aqueles que conseguem entender o que faz seus seguidores se estimularem e como acomodar as necessidades deles.

Nos negócios, você tem que pensar como a outra pessoa para, então, conseguir gerenciá-la. Alguns novos líderes costumam pensar que seus subordinados irão agir como eles próprios agiram quando estavam começando. Que as mesmas coisas que no passado os motivaram irão motivar todos os outros.

Você deve pensar como seus oponentes ou colegas. Assim, estará um passo mais próximo de ler corretamente as situações e saber como prosseguir.

Voltando à mesa de poker, que tal conhecer outros sinais claros de blefe?

Alguns sinais de blefe incluem:

◆ Piscar rapidamente: sinal de ansiedade que é difícil disfarçar. É bem fácil de reparar e raramente ocorre quando a pessoa está segura de suas ações. Por esse motivo é um dos sinais mais característicos de um blefe.

♦ Enrijecer o corpo: defesa. O jogador consciente, que pode ser pego no blefe, adota uma postura excessivamente rígida, muitas vezes cerrando os punhos e ficando mais ereto. A grande característica que diferencia de um estado natural de atenção é a rigidez e imobilidade.

♦ Apertar os lábios: sinal discreto, mas cheio de tensão. Pode ser difícil reparar porque é rápido e sutil. Tente procurar o oposto, uma boca relaxada. Quando o adversário está com a boca entreaberta, relaxada, provavelmente está mais seguro de sua jogada e tende a não estar blefando.

♦ Respirar mais pesado: natural em momentos de tensão, mas o grande problema é que pode ocorrer também quando o adversário não está mentindo. O máximo que dá para perceber é que a respiração muda e que, portanto, ele está tenso. Uma dica melhor é tentar ver se o jogador prende a respiração propositadamente, pois esse é um sinal claro de que ele está tentando esconder a ansiedade.

♦ Sentar com postura agressiva: chegar mais próximo da borda da mesa, olhar desafiadoramente, empinar o nariz e sorrir com escárnio. Apenas acredite na máxima que você aprendeu: se está tentando aparentar força, provavelmente está fraco.

♦ Jogar as fichas agressivamente no meio do pote: muito comum. Quando não é o corpo tentando demonstrar força, é uma força desmedida ao apostar e colocar as fichas na mesa. Preste atenção, porque isso só é um *tell* se fugir do padrão normal de apostas em outras situações de menor estresse. Em um ambiente de negócios, esse é o equivalente a quando um funcionário chega a sua sala para pedir um aumento e diz que já tem uma oferta de emprego de outra empresa. É um blefe, provavelmente, porque a intenção dele é conseguir o aumento. Quando o funcionário realmente quer sair do emprego, mantém a oferta escondida até o último minuto possível. Até mesmo para aumentar suas chances de sucesso.

Um ramo em que todo o estudo da cinesiologia é muito importante é o das investigações criminais. Os principais estudos das grandes agências internacionais dizem respeito ao interrogatório de suspeitos.

Os investigadores de polícia se especializam em interrogar pessoas por horas, e a base de seu trabalho é reparar como elas respondem a perguntas inócuas, inofensivas, além de suas reações a perguntas com relevância. Em outras palavras, procuram estabelecer uma linha de comportamento basal diante de perguntas simples e inofensivas para perceber as alterações quando as perguntas são mais relevantes ao caso.

Outra forma é utilizar a técnica de repetição, ou seja, voltar ao mesmo assunto várias vezes para perceber inconsistência e também os fatos que se repetem com frequência.

Um ponto importante é dado por um conhecimento de como a memória real dos fatos é gravada em nossa cabeça. Por termos um campo de visão restrito (nosso ponto focal na retina é apenas uma área pequena), o que o nosso cérebro faz ao gravar uma situação é focar em uma área, movimentar os olhos de forma rápida por uma cena e depois preencher os buracos. Ou seja, o que nós enxergamos não é rico em detalhes, mas uma imagem criada com vários remendos feitos pelo nosso cérebro baseado em coisas lógicas.

Muitos mágicos se utilizam desse conhecimento para criar ilusões de ótica, por exemplo.

Assim sendo, quando uma história é muito rica em detalhes, maior a chance de essa história ser inventada. E se assim acontece, a pessoa repete a história com exatidão por vezes a fio.

Nesse caso, para pegar uma inconsistência é necessário utilizar de artifícios que enganem esse processo. Por exemplo, fazer um pergunta fora de contexto sobre a história ou pedir que ela seja contada do fim até o começo (em ordem cronológica inversa). Os investigadores de polícia

POKER FACE

vão então reconstituindo os fatos de trás para a frente, e, como o acusado não estava preparado, começa a errar na cronologia e na organização que fez para aquela mentira.

Desconfie, portanto, de histórias com muitos pormenores e detalhes. É impossível que uma pessoa tenha captado tantos pequenos detalhes, a não ser que alguém lhe tenha passado exatamente essa tarefa, de ficar atento às minúcias.

Quanto mais relaxado e diferente for o assunto, mais você pode esperar posturas relaxadas e verdadeiras de seu adversário. Depois, quando estiver jogando contra ele, poderá "entrevistá-lo" durante a mão e perceber diferenças no modo como fala ou age.

Levei esse aprendizado para o mundo dos negócios. Hoje, ao chegar a uma reunião com um novo cliente ou parceiro comercial, passei a adotar como regra, em primeiro lugar, ter um pequeno bate-papo informal, puxando assuntos não relacionados ao encontro. Isso ajuda a quebrar o gelo e também a estabelecer um padrão de comunicação relaxado. Quando o assunto começa a ir para os negócios, fica mais fácil fazer a leitura corporal com base na modificação de padrões.

Como uma dica para os jogadores de poker e executivos, costumo dizer que a maneira de dificultar que os adversários nos leiam é tentar agir com método, de forma disciplinada e treinada.

Tentar manter a postura relaxada, não agir nem com pressa, nem com lentidão excessiva. Manter as mãos ocupadas, mas não tensas. Ficar atento à respiração e aos olhos.

Quanto mais neutro você conseguir se manter, sem mudanças bruscas de comportamento, melhor.

Uma boa sugestão para jogadores de poker é ouvir música nos fones de ouvido, sentar confortavelmente e tentar se manter hidratado e alimentado. Faça perguntas, mas evite responder excessivamente. Durante uma mão, nunca responda a um adversário.

Numa mesa de poker, sempre advoguei que não devemos responder quando nos perguntam sobre nossa mão.

Em boca fechada não entra mosca. Isso também vale para os seus negócios. Fale apenas o necessário!

10

Alocando sua banca e escolhendo uma mesa

Se você conhece seus inimigos e a si mesmo, não terá problemas em centenas de batalhas; se você não conhece seus inimigos mas se conhece, irá ganhar uma e perder a outra; se você não conhece seu inimigo, mas também não se conhece, perderá todas as batalhas.

Sun Tzu, *A arte da guerra*

O PRINCIPAL SEGREDO para o bom jogador de poker é saber como controlar a banca, ou seja, os recursos que tem disponíveis para investir no jogo. Conheci grandes jogadores, com talento e técnica para ser campeões, que conseguiram acumular muitas vitórias e prêmios em pouco tempo, mas perderam seus ganhos com a má administração do dinheiro. Muitas vezes, tiveram de interromper sua carreira por não conseguirem continuar financiando seus jogos.

Outros mal conseguem começar, pois não traçam um plano para o crescimento sustentado e para a multiplicação da banca. Têm um capital inicial, mas não sabem como fazê-lo aumentar com segurança, arriscando demais ou de menos.

Falando pelo ponto de vista de um jogador de poker, o maior problema da maioria dos profissionais é não perceber que o esporte virou seu negócio.

ALOCANDO SUA BANCA E ESCOLHENDO UMA MESA

Um dos jogadores mais talentosos de poker on-line do mundo, mais conhecido pelo apelido na internet (Leatherass) e menos por seu nome real (Dusty Schmidt), escreveu um livro excelente sobre esse assunto, que, na verdade, é o inverso desta obra que você está lendo: *Treat Your Poker Like a Business.*

Capítulo a capítulo, Leatherass descreve como um jogador de poker deveria fazer o mesmo que um empresário. Estudar os adversários (concorrência), conhecer seu mercado, um horário para começar todos os dias, dedicar seu tempo, ter foco e plano de crescimento, pagar seu trabalho, investir parte dos ganhos no próprio negócio e assim por diante.

Para o jogador de poker, ao mesmo tempo que o dinheiro é seu capital para investimento, também é como se fosse o estoque de sua empresa.

Ou seja, o dinheiro é o produto e o que compra o produto.

Para lucrar, o jogador precisa jogar. Para isso, precisa de sua banca. Seus prêmios se somam a ela. E, assim, ele pode jogar mais torneios. Só que passa a ter de administrar o que é estoque para trabalhar e o que é capital para investir, e também o que é seu lucro (pagamento).

Pensando dessa forma, o jogador tem de ser ainda mais inteligente ao saber administrar sua banca.

Que jogador não vive contando seu *stack* (suas fichas) ao longo de uma partida? Num torneio, o tempo todo estou consciente de quantas fichas tenho e, sempre que possível, também quantas têm meus adversários. É uma habilidade que todo jogador desenvolve logo no início, ainda em seus primeiros jogos. Assim como um jogador de poker constantemente avalia quanto tem em fichas, um empresário precisa estar ciente o tempo todo do balanço e da saúde financeira de sua empresa.

Falando de lucros, uma das grandes falácias que vêm do poker e deve ser compreendida no mundo dos negócios é como lidar com os ganhos. Quando um jogador está ganhando, é muito comum que pense: "Estou jogando com o lucro. Esse dinheiro não é meu; portanto, se eu perder um pouco do que lucrei, não há problema, vou arriscar mais!"

Errado! A partir do momento em que o capital passa para as suas mãos, ele imediatamente é seu e você está livre para realizar esse lucro. Nesse ponto, se você perder parte desse capital, está perdendo seu próprio dinheiro.

Ou seja, um mês bom não justifica gastos desnecessários ou queima de gordura. Nos negócios, a tendência natural é ser displicente com o dinheiro quando o negócio está indo bem, e apertar os custos quando o negócio vai mal. Uma coisa é se aproveitar do momento positivo, outra totalmente diferente é desperdiçá-lo.

Saber diferenciar o que é investir do que é gastar sem necessidade é fundamental. Por exemplo, reformar o escritório da empresa. Em certas situações, pode ser um investimento, quando o objetivo é acomodar mais funcionários e aumentar a produtividade. Mas, se é apenas decorativo, pode ser um gasto desnecessário, principalmente quando não for planejado no orçamento.

No linguajar do poker, costumamos dizer que, quando alguém comete erros que geram perda de lucratividade, o jogador possui um *leak* (vazamento).

Um *leak* pode ser:

♦ Técnico: não saber como jogar determinada situação no poker. Exemplo: chamar uma aposta com cartas consideradas fracas estando fora de posição (tendo de agir antes de seu adversário) costuma levar à perda de apostas.

♦ Emocional: o jogador que se descontrola após perder um pote grande e passa a jogar mal (conhecido como *tilt*).

♦ Financeiro: jogar acima do nível que sua banca suporta.

O dinheiro deve ser gasto de acordo com a necessidade de seu negócio, e não por seu estado emocional. É necessário saber a diferença entre investimento e *leaks*. No exemplo citado, redecorar seu escritório pode ser um *leak* na administração financeira.

Quando comecei a jogar poker, achava que, para ser lucrativo, tudo de que precisava era aprender a ganhar. Eu ainda não sabia que tão ou mais importante era aprender como perder.

E aí vem um dos segredos: o poker é um jogo em que, seguindo uma estratégia básica, você consegue ganhar. Vence algumas mãos e coloca o

ALOCANDO SUA BANCA E ESCOLHENDO UMA MESA

lucro em sua conta. Eu pensava que, se seguisse essa estratégia ao pé da letra e continuasse ganhando algumas mãos, seria com certeza um jogador lucrativo.

Uma sessão minha de *cash game* era composta de diversas mãos, nas quais eu jogava fugindo da maioria das rodadas, esperando o momento certo para um jogo grande em que apostaria todas as fichas. E ganhava potes gigantes dessa forma. Parecia que eu tinha um lucro considerável, mas, quando ia olhar meu caixa, estava mais ou menos empatado ou com um lucro pequeno. E não conseguia entender por quê. Afinal, quando ganhava uma mão, costumava ser um pote grande, e eu conseguia evitar perder potes de igual tamanho. Então a conta devia ser muito positiva para mim. Onde estava o meu *leak*? Eu precisava entender por onde meu lucro estava se perdendo.

Descobri um programa chamado Poker Tracker, que nada mais era do que um grande banco de dados em que eu podia me alimentar com o histórico de todas as mãos que eu jogava nos sites de poker on-line. O software era relativamente automatizado e fazia a importação das mãos com apenas um comando. Depois que as mãos eram importadas, ele gerava todo tipo de informação estatística sobre meu jogo e também de todos os adversários que já enfrentei. Se eu jogasse, por exemplo, dez mil mãos, ele dizia qual o percentual de mãos em que eu aumentei a aposta, fugi da mão, qual jogo fiz, se ganhei ou se perdi, quanto e de que forma. Podia até assistir a uma repetição das mãos que eu quisesse.

Com esse software, eu poderia olhar exatamente quanto ganhei ou perdi em cada mão e descobrir o porquê de meu lucro não aumentar.

Apesar de eu realmente ganhar potes grandes, o que fazia com que eu estivesse empatando com meu "negócio" era o fato de estar perdendo muitos potes pequenos, nos quais pagava para entrar na mão e depois desistia dela, quando o adversário apostava após o *flop*. Eu provocava o aumento dos adversários, às vezes significativos, e em seguida desistia da mão. Enquanto jogava, não percebia que isso faria alguma diferença, porque, individualmente, cada um desses potes era muito pequeno para me fazer notar o volume que a soma deles gerava.

Comecei, então, a estudar como devia fazer para não perder tantos potes pequenos, e criei uma ou duas estratégias. Por exemplo, parei de pagar apostas em que havia tido um terceiro aumento antes do *flop*, quando eu estava fora de posição ou com um par pequeno na mão. Só esse pequeno ajuste fez com que eu passasse a perder cerca de 50% menos potes pequenos, aumentando minha lucratividade.

Um dos principais ensinamentos do poker é que qualquer jogador consegue ganhar mãos tendo cartas boas, mas aprender a ganhar sem cartas e a limitar suas perdas quando elas forem inevitáveis é o que determina seu sucesso.

O que fiz com o Poker Tracker no meu jogo de poker foi a mesma coisa que uma boa auditoria numa empresa. Revisão de processos, de fluxo de caixa, de burocracias que consomem tempo, mas não aumentam a eficiência do negócio. Rever os processos do seu negócio com uma assistência especializada que saiba fazer um exame imparcial e analítico pode ser a melhor alternativa para otimizar os seus lucros.

Quando comecei minha primeira empresa, meu pensamento era parecido com meu pensamento inicial no poker. Se eu conseguisse fazer um bom torneio como o BSOP e alcançasse o público esperado, teria uma receita que garantiria meu lucro. E meu raciocínio ia além: se meu evento continuasse a crescer e mais jogadores participassem, essa receita aumentaria, e o lucro, consequentemente, também.

No entanto, fazer um evento para cem pessoas é diferente de fazer um evento para mil pessoas. Parece lógico, não? Quanto maior o tamanho do evento, maior complexidade e custos envolvidos. Isso chega a ser óbvio até demais. O que não é tão fácil de perceber é que, quanto maior sua estrutura, mais difícil é perceber quais são seus vazamentos. Principalmente porque os gastos pequenos, que antes aconteciam esporadicamente com um ou dois funcionários ou sócios, passam a acontecer com dezenas deles.

A empresa teve que passar pelo processo de padronização. Encontrar um valor justo e máximo que a empresa pagaria pelos custos de cada sócio. Cortar despesas com familiares. Procurar alternativas mais baratas de alimentação e hospedagem para os funcionários que se encaixassem na logística do evento. Rever os fornecedores e as relações de custo.

O BSOP, que, por ser o campeonato brasileiro de poker, precisava rodar por várias cidades, teve de se adaptar. Antes, percorria em um ano de oito a dez cidades diferentes, em estados distintos, para que o torneio visitasse o Brasil todo. Com o crescimento do evento, reduziu-se apenas cinco cidades, que se revezam. O principal motivo foi o custo de deslocamento de pessoal e também a acessibilidade do público. Não é viável financeiramente realizar uma etapa em cidades mais afastadas, não só pela equipe que tem que ser deslocada, mas também para o cliente, que viaja para Rio de Janeiro, Curitiba e São Paulo, mas não está disposto a pegar um voo com duração de quatro horas para ir ao Norte/Nordeste do país. Nos últimos anos o BSOP tem realizado 2 a 3 etapas em São Paulo e as demais em estados como Bahia, Goiás, Brasília, Paraná, Rio Grande do Sul, Santa Catarina.

Em 2012, abri uma empresa de tecnologia, a AcexGames. Logo montamos um escritório para o desenvolvimento dos projetos. Como todas as empresas de tecnologia, o modelo que deveria ser adotado desde o início seria o das Startups. O termo descreve empresas em estágio embrionário de desenvolvimento, que mantém uma linha de custos baixos e tenta desenvolver seu produto e testá-lo antes de incorrer em custos maiores.

As startups trabalham com o conceito de MPV (Mínimo Produto Viável), ou seja, procuram desenvolver o seu produto até o primeiro estágio em que ele pode ir a público para testar a aceitação. Então, o produto já pode começar a ser comercializado e a partir daí, dependendo da aceitação, investe-se mais no crescimento do produto. Em janeiro de 2014, quase dois anos após a formação da AcexGames, dos cinco projetos iniciais da empresa, três estão em atividade e dois estão ainda em desenvolvimento. Curiosamente, os dois primeiros a serem idealizados são os que não foram lançados. O modelo de uma startup permite que outros projetos substituam os primeiros e consigam manter a empresa no caminho do crescimento. Com a empresa de tecnologia, aprendi também a respeitar o tempo de cada mercado. Planejar os investimentos para uma empresa de tecnologia requer aportes de longo prazo e paciência para os atrasos naturais inerentes ao mercado de programação e desenvolvimento de softwares e tecnologias.

Para cada mercado, uma regra e uma adaptação, tanto para seus investimentos quanto para o seu retorno esperado.

Saber em que mesas jogar é fundamental. No poker, procuramos nos sentar às mesas que têm mais adversários fracos, ou jogar torneios em que temos uma vantagem sobre a competição. O termo utilizado para essa escolha é *table selection* (seleção de mesas).

Nos nichos de negócios, temos de balancear a vontade de abrir mais frentes, empreendendo cada vez mais, com a racionalidade de escolher os jogos certos para jogar.

Satisfação garantida ou... perdas

No livro *Satisfação garantida*, Tony Hsieh conta sua história de empreendedorismo até criar e implantar uma cultura de satisfação em sua empresa (Zappos.com), tanto para os funcionários, quanto para o cliente. A Zappos, que surgiu como um site para venda de calçados, conseguiu em apenas dez anos atingir a marca de um bilhão de dólares em vendas brutas anuais e se consolidou como líder no segmento. Toda a história do livro é impressionante, e eu o recomendo a todos os empreendedores; entretanto, uma parte em especial me chamou atenção: Tony associa o poker ao sucesso de sua empresa.

Assim como venho fazendo ao longo deste livro, em determinado momento ele comenta como o poker lhe ensinou habilidades que ele aplicava nos negócios. E, no fim, afirma que a principal lição que aprendeu é que, no poker, você começa a ganhar antes de se sentar para jogar, quando escolhe o jogo certo para participar.

Apenas a título de curiosidade, vou listar alguns dos outros pensamentos de Tony:

Avaliação de oportunidades de mercado:

♦ A escolha da mesa é a decisão mais importante que se pode tomar.

- É bom mudar de mesa quando você descobre que está difícil ganhar.

- Se houver muitos competidores, mesmo que você seja o melhor, é muito mais difícil ganhar.

Marketing e construção de marca:

- Aja fraco quando forte, aja forte quando fraco. Saiba quando blefar.

- Sua marca é importante.

- Ajude a dar forma às histórias que as pessoas contam sobre você.

Finanças:

- Esteja sempre preparado para o pior cenário.

- Aquele que ganha a maioria das jogadas não é necessariamente o que ganha mais dinheiro a longo prazo.

- Aquele que nunca perde uma rodada não é necessariamente o que ganha mais dinheiro a longo prazo.

- Oriente-se pelo valor positivo esperado, não pelo menos arriscado.

- Certifique-se de que seu cacife é grande o suficiente para o jogo que está jogando e para os riscos.

- Jogue somente com aquilo que você pode perder.

- Lembre-se de que esse é um jogo de longo prazo. Você ganhará ou perderá rodadas individuais, mas o que acontece a longo prazo é o que importa.

Estratégia:

- Não entre em jogadas que você não entenda, mesmo se vir muitas pessoas ganhando dinheiro com elas.

- Calcule o jogo quando as apostas ainda não são altas.

- Não trapaceie.

- Mantenha-se fiel a seus princípios.

- Ajuste seu estilo de jogo conforme ele muda.

- Seja paciente.

- Os jogadores mais perseverantes e disciplinados normalmente ganham.

- Diferencie-se, faça o contrário do que as pessoas estão fazendo.

- Ter esperança não é um bom plano.

- Não se deixe abater. É muito melhor fazer uma pausa, caminhar um pouco e pensar a respeito.

Aprendizado contínuo:

- Eduque-se. Leia livros e aprenda com os que fizeram antes.

- Aprenda fazendo. Teoria é bom, mas prática é fundamental.

- Aprenda cercando-se dos melhores.

- Não tenha medo de pedir conselhos.

ALOCANDO SUA BANCA E ESCOLHENDO UMA MESA

- Só porque você ganha uma rodada, não significa que você é bom o suficiente e não tem mais nada a aprender.

Cultura:

- Você tem de amar o jogo. Para se tornar realmente bom, você deve vivê-lo e até dormir com ele.

- Não seja convencido ou exibido; há sempre alguém melhor do que você.

- Seja simpático e faça amigos; *networking* é fundamental.

- Compartilhe o que você aprendeu com os outros.

- Divirta-se. O jogo é muito mais divertido quando você está jogando não só para ganhar dinheiro.

- Procure oportunidades além do jogo que você resolveu jogar.

A leitura de *Satisfação garantida*, além de muito prazerosa, ainda me mostrou que mais empreendedores têm a mesma visão que eu sobre o poker como ferramenta para o mundo dos negócios.

Fazendo a roda girar: o capital

Eu via pouca diferença entre investir e poupar. Para mim, fazer uma poupança era o mesmo que investir. E, pior, se eu precisasse fazer uso daquele dinheiro guardado, não pensava duas vezes.

O objetivo de poupar é guardar um determinado valor para uso futuro. Investindo, no entanto, você arrisca parte do seu capital, por exemplo, emprestando-o a alguma instituição que o remunerará por isso, com o objetivo de fazer seu montante crescer e de ter um maior valor de compra.

Para que um negócio seja bem-sucedido, seja ele sua "empresa poker" ou seu empreendimento comercial, é fundamental que exista dinheiro suficiente em caixa para manter a saúde financeira e cumprir com as necessidades dos passivos de sua empresa (contas, débitos, gastos mensais, investimentos e salário dos funcionários).

É comum ouvirmos histórias de grandes empresas que mascararam seus números para tentar alcançar um maior valor de mercado, fazendo vendas a receber, ou seja, entregando mercadorias hoje para receber em um prazo futuro. Isso aumenta os números de vendas gerais, dando a impressão de que a empresa está vendendo mais e, portanto, de que está saudável financeiramente e crescendo. Mas, como o dinheiro não está entrando, a empresa pode ter problemas imediatos e até quebrar.

Muitas firmas estipulam metas de vendas para seus gerentes, que acabam criando condições de crédito, em que vendem para receber mais à frente. Os gerentes atingem as metas, mas ao custo de prejudicar o fluxo de caixa da empresa. Como às vezes os departamentos não conversam entre si, os números enganam, e o buraco não é percebido.

Nos anos 1980, um comercial ficou muito famoso, trazendo a questão de um biscoito ser mais vendido porque era fresquinho ou se permanecia fresco porque vendia muito rápido. O problema maior existe quando a cadeia de consumo é quebrada e você não identifica a causa subjacente.

No poker, seu estoque é seu capital. Ter o dinheiro necessário para poder sentar-se nos jogos mais lucrativos e adequados ao tamanho de sua banca é fundamental.

Quem faz saques de sua banca tem de recalcular após a retirada se continua apto a permanecer jogando no mesmo nível. Em seu negócio, o raciocínio deveria funcionar da mesma forma, e ainda com um agravante: o ideal é planejar antecipadamente o tempo esperado para poder começar a realizar retiradas.

Ao entrar num negócio, normalmente temos uma expectativa de retorno do capital investido que pode girar entre um e três anos. É o prazo em que não devemos contar com aquele capital inicial até que o negócio comece a dar lucro sem precisar ser realimentado.

ALOCANDO SUA BANÇA E ESCOLHENDO UMA MESA

Por isso não recomendo o caminho de se tornar um empreendedor para quem não consegue imaginar ficar sem dispor do capital inicial da empresa, ou de lucros vindos dela, por um período mínimo de um ano. Indo ainda mais longe na analogia, é o mesmo que uma pessoa deve fazer quando resolve entrar no mercado financeiro e operar com ações. Colocar seus *stops* (uma trava para que, se o preço de uma ação atingir um limite de queda, seja colocada uma ordem de venda do papel antes que caia mais), alocar seus recursos em mais de um papel, traçar metas de lucratividade, conhecer as empresas em que investe e acompanhar as movimentações do mercado — são atitudes básicas para quem está começando.

Imagine se colocássemos dez mil reais num negócio e, depois de seis meses, tivéssemos cinquenta mil... Você ficaria tentado a sacar parte desse dinheiro ou perceberia que é necessário reinvestir para crescer?

Para um negócio dar certo, a solidez financeira é importante e temos de saber quanto podemos retirar.

Nas minhas empresas, todas as vezes em que tivemos resultados positivos, nós nos reunimos para conhecer o montante e decidir se iríamos dividir algo desse resultado. Em vez de pegar o lucro e dividir, devemos prever o quanto queremos que a empresa cresça e o esforço de investimento que será necessário nos meses seguintes.

Crescer no poker requeria a disciplina para reinvestir na banca e não espoliar o próprio negócio.

Uma falácia comum é dimensionar errado o que podemos chamar de "banca". Quando comecei no poker, minha banca máxima era de dez dólares. Não porque aquele era todo o capital que eu tinha no mundo, mas porque eu não podia colocar mais naquele site por não haver meios de depósito. Então, aquela banca era tudo que eu tinha.

Hoje em dia, quando até com boleto bancário é possível depositar em qualquer site de poker, a banca deixa de ser apenas o que está dentro do site, mas também está longe de ser o que você tem no banco. Sua banca para o poker é o que você, de acordo com sua realidade, decidiu investir em seu hobby/trabalho. O mesmo vale para um empreendedor que está começando um negócio. Antes de iniciar, ele deve avaliar o quanto está apto a investir sem comprometer as finanças domésticas.

O empreendedor não pode colocar todas as suas reservas num negócio e, depois, não ter como manter a família se o plano não der certo.

É claro que existem situações em que uma pessoa resolve apostar todas as fichas num novo negócio e coloca todo o seu capital, mas o que estou destacando aqui é que o risco de ruína para essas operações é muito grande. Assim como a chance de essa pessoa quebrar e perder tudo que tinha.

Conheço no poker pessoas que tentaram jogar um torneio acima de suas capacidades de banca (no jargão do poker, tentaram dar um tiro acima do seu nível) e ganharam o torneio, mudando sua vida. O mesmo pode acontecer com os negócios.

Mas são as exceções.

O modelo ideal é o do planejamento. Um guia a se seguir é ter guardado seis meses de despesas essenciais, e só alocar para seu empreendimento o que você conseguir captar acima desse valor.

Outra forma é conseguir um empréstimo para financiar seu empreendimento. Mais uma vez, o que deve ser levado em conta é sua capacidade de honrar com esse valor sem contar com retiradas de lucros da empresa (o que não quer dizer que esse dinheiro não possa sair da empresa, contanto que dentro do capital operacional dela, e não com os lucros).

Mudando um pouco o foco, administrar sua banca tem também relação com a guerra entre seu lado brilhante e seu lado medíocre. Albert Einstein escreveu uma frase que descreve essa relação: "Os grandes espíritos muitas vezes são confrontados pela violenta oposição de mentes medíocres." Porém, nesse ponto, temos de parar e pensar em outro grande pensador, Jung, que falava sobre como, dentro de nós, temos o melhor e o pior em constante luta para prevalecer.

No livro *A sombra humana*, de Deepak Chopra, essa discussão é levada a fundo. O principal sabotador vive dentro de nós mesmos. Nossa mente, muitas vezes, coloca as barreiras que nos impedem de ir para a frente ou, em outros casos, nos sabota, desviando-nos do plano traçado.

Pensando em um tema que permeia a vida de jogadores e também de empreendedores, a sorte, podemos ver que o modo como nossa mente lida com a vida determina parte da boaventura que temos.

ALOCANDO SUA BANCA E ESCOLHENDO UMA MESA

Em outras palavras, uma pessoa tem sorte porque se comporta de uma maneira sortuda. Ela se beneficia de um ciclo virtuoso: por se considerar abençoada com esse dom divino, age de um modo que favorece o aproveitamento dessa sorte. O indivíduo azarado, já calejado com sua propensão ao erro, costuma se proteger. Evita sair de casa, não dá papo para estranhos, olha para baixo ao andar. Já o sortudo está sempre aberto a novas experiências, puxa papo até na fila do banco, e acaba ouvindo oportunidades de novos negócios, conhecendo pessoas e favorecendo suas chances de boas-novas. A sorte nesse caso está relacionada a sua facilidade em expandir seu *networking* e marcar positivamente as pessoas com quem se relaciona com sua atitude positiva e aberta.

A sorte é onde a oportunidade se encontra com a preparação e nesse caso, com a predisposição em querer tê-la.

Pensando no poker, quantos jogadores não se ativeram a um plano de crescimento constante durante um longo período de tempo, até que, um dia, sua cabeça os traiu e eles entraram em um período de *tilt*, em que começaram a fazer jogadas erradas e a arriscar mais do que deveriam? E esse único dia pode destruir o trabalho dos dias anteriores.

Volto a dizer que não é pelo dinheiro. É pelo conceito que se trabalha. Perder alguns reais jogando poker não impactava minha vida pessoal. Não fazia diferença para meu orçamento doméstico. Mas era um abalo na pedra fundamental do conceito de que poker era um negócio e precisava de disciplina e planejamento para o desenvolvimento.

Se você é um empreendedor, tome meu conselho: disciplina e planejamento.

E, voltando para *A sombra humana*, o poder do boicote está o tempo todo dentro de você. Vencer é uma realização de seu trabalho constante, mas no poker e nos negócios você pode pôr tudo a perder em apenas um dia. E o que é pior: a sensação de derrota parece marcar mais que o gosto das vitórias.

Uma derrota, ainda mais quando você percebe ser o próprio culpado, deixa cicatrizes muito profundas e, às vezes, ferimentos que não cicatrizam, pois abalam sua confiança e o impedem de seguir adiante.

Não é o medo de errar que deveria impedi-lo de seguir adiante. Muitos grandes empresários aprenderam com seus erros. E, diga-se de passagem, o empreendedor tem mais espaço para errar do que o empregado de uma empresa. Afinal, qual empresa manteria um funcionário após constantes erros?

Vale o exemplo de Thomas Edison, que inventou a lâmpada elétrica. A história conta, em tom de lenda, que, antes de ter sucesso em seu invento, ele teve mais de dez mil tentativas frustradas. Isso era empreendedorismo, ou, aqui com outro nome, ciência, pois muito do progresso científico veio por meio da tentativa e do erro.

Um dos maiores nomes do mundo de investimentos, Warren Buffett, tem uma empresa chamada Berkshire Hathaway. O preço das ações dessa empresa é dos mais altos do mundo, e, embora todos os investidores valorizem os fundamentos dessa instituição, principalmente por conta dos fundos que ela controla, poucos sabem que, originalmente, ela foi um erro de Buffett. A empresa era uma fabricante de camisas prestes a pedir falência quando ele resolveu investir. Ele achava que poderia ressuscitá-la. Porém, a indústria têxtil estava em crise nos Estados Unidos e a empresa original acabou fechando as portas. No entanto, em seu erro estratégico, Buffett acabou por encontrar o caminho para a fortuna com essa mesma pequena empresa. Ele a utilizou para comprar pedaços de outras empresas, e logo a Berkshire era acionista de corporações como a Coca-Cola e a Gilette.

Um dos primeiros negócios de Buffett — um posto de gasolina — faliu. Na realidade, Buffett aprendeu mesmo como investir seu dinheiro em outras empresas sólidas. Apenas como curiosidade, seu primeiro negócio foi comprar uma máquina de fliperama por 25 dólares (preços de 1945) e colocá-la dentro de uma barbearia. Com o lucro dessa primeira, comprou outras e expandiu para outras barbearias. Mas ele era filho de um operador do mercado financeiro, os ensinamentos vieram de dentro de casa. Outro ponto interessante é comentar que ele foi aluno de Benjamin Graham, na Universidade de Columbia, e que este foi também seu primeiro empregador. Graham é considerado o precursor da estratégia de "buy and hold" de investimento em ações, ou seja, comprar ações de empresas sólidas e mantê-las por um longo período. Ou seja, Buffett estudou e se aperfeiçoou para se apresentar ao mercado que dominou.

Conhecer seu mercado; entender como pensa quem trabalha com ele e quem o consome. Somente com essa visão "pluriaberta" você conseguirá um sucesso acima da média em sua área.

Jeans: uma ideia oportuna

E já que estamos falando de erros com empreendedores famosos, por que não aproveitar e citar outros? Levi Strauss, que fundou uma das maiores marcas mundiais, a Levi's, tinha decidido enriquecer com o garimpo. Nascido na Alta Francônia, Alemanha, mudou-se com a mãe e os irmãos para os Estados Unidos em 1847 — um ano após a morte do pai, que era um vendedor ambulante pobre e faleceu de tuberculose.

Foram morar em Nova York, onde dois de seus irmãos mais velhos já trabalhavam com a indústria têxtil. Com as notícias de que estavam encontrando ouro na Califórnia, ele decidiu se mudar junto com o cunhado para San Francisco e abrir uma empresa têxtil em 1853. A pequena loja, que já se chamava Levi Strauss & Company, nunca conseguiu crescer, porque o foco de Levi era o garimpo, área na qual acreditava que fosse enriquecer. Mas foi conhecendo os garimpeiros e suas necessidades que ele teve a grande ideia de sua vida. Devido ao trabalho exposto e às intempéries do ambiente, os garimpeiros precisavam de calças reforçadas. E, juntamente com o costureiro Jacob Davids, ele resolveu reforçar as costuras das calças com rebites e fazer tecidos mais resistentes, do mesmo tipo usado nas tendas e nas barracas dos garimpeiros, o brim. Patenteou seu produto, e em 1873 foram criadas as primeiras calças blue jeans. Pronto — o jeans fora criado para ser uma calça resistente voltada para o trabalhador.

Dificilmente as calças jeans teriam sido criadas se ele tivesse permanecido em Nova York. Foi necessário um erro (querer ganhar dinheiro com o garimpo), mas também visão e conhecimento intrínseco de seu mercado, para fazer a jogada que o tornaria milionário e uma lenda mundial.

A oportunidade muitas vezes aparece nas crises. Afinal, durante uma crise, em qualquer tipo de mercado, é quando os preços de entrada para investir estão mais baixos.

O objetivo deste capítulo é falar sobre como controlar sua banca e aprender a fazer investimentos sábios.

Os primeiros pontos que abordamos foram sobre conhecer seus limites, entender o capital de que você dispõe para investir no negócio, aprender a não mexer com esse capital para outras despesas e reinvesti-lo no próprio negócio.

Como investir seu capital? Além das opções para investir no próprio negócio (mais produtos, desenvolvimento de marketing, infraestrutura, mão de obra e expansão), muitas vezes tem de ser levado em conta que seu dinheiro não poderá ficar parado no banco enquanto espera por suas decisões. Dinheiro parado normalmente é dinheiro perdido, pois a inflação está comendo seu valor de mercado.

Contudo, se investir em ações fosse tão seguro quanto investir em renda fixa, porém mais rentável, nenhum investidor colocaria seu dinheiro em renda fixa. O fato de existirem tipos diferentes de investimentos se relaciona diretamente ao risco e ao retorno de cada um, e a quanto desse risco ou desse retorno você espera conseguir.

Além disso, praticamente não existe investimento sem risco, embora existam aqueles cujo risco é bem menor. Por exemplo, os títulos públicos são garantidos pelo próprio país. O risco existe se o país quebrar. Assim, ao comprar um título público brasileiro, você sabe que, contanto que o país não esteja quebrado, você tende a receber o valor prometido, correto?

Porém, na história recente temos o Plano Collor, que confiscou a poupança dos brasileiros, e a quebra de nossa vizinha Argentina. Ou seja, o risco existe, só que é muito pequeno.

Agora, o fato mais importante é que, junto com todos os tipos de investimento, o de maior risco é justamente o seu próprio negócio. Colocar seu dinheiro em seu próprio negócio normalmente é garantido apenas por seu trabalho e esforço. Mais nada, nem ninguém.

Quando decidimos investir parte do capital, temos de pensar no prazo dentro do qual precisaremos daquele dinheiro novamente, o risco que estamos dispostos a correr e o retorno que esperamos obter.

O principal ensinamento em relação a investimentos é que você não deve esperar ter uma fortuna para, então, começar a investir. O planejamento deve começar mesmo quando você ainda tem muito pouco.

A frase que mais gosto de lembrar é: primeiro, pague a si mesmo.

Mês a mês, temos diversas contas a pagar. Telefone, aluguel, prestação de carro, TV a cabo, plano de saúde, impostos... Normalmente, vamos pagando as contas e, o que sobra, usamos para diversão ou poupança. Aliás, muitas vezes nem sobra.

Se usarmos o princípio de nos pagarmos primeiro, a coisa muda de figura.

Digamos que todo mês você ganhe cinco mil reais. Que tal programar mais uma "conta"? Faça uma aplicação automática num fundo ou previdência privada, que no início do mês retire de 10% a 20% desse valor. Pronto — a primeira conta do mês é você se pagando.

Esqueça esse dinheiro nesse mês. E, agora, pague suas contas de consumo. Se precisar cortar algo, procure primeiro o supérfluo. Corte seu pacote de programação de TV a cabo (você assiste a todos aqueles canais?) ou o número de vezes em que você sai para jantar ou pede comida em casa. Compre seus alimentos e cozinhe. Ajuda a relaxar, passar o tempo e economizar.

Em resumo, investir sabiamente passa por saber primeiro pagar a si mesmo, por saber o que fazer com o dinheiro e também por não deslocar seus lucros para suas despesas do dia a dia.

O poker me ajudou a amadurecer esses conceitos. Aprendi a controlar minha banca. Parte de meu capital é utilizado para o risco, ou seja, jogar um torneio com uma premiação maior que poderia me dar um retorno maior; outra parte, para jogar os jogos que mantêm minha banca crescendo de forma gradual e lenta; e uma terceira é retirada de lucro mensalmente.

Jogar poker é como administrar uma microempresa, só que nela eu faço todos os papéis e controlo meu próprio sucesso.

11

Criando valor e diferenciando o bom do mau negócio

Preço é o que você paga. Valor é o que você recebe.

Warren Buffett

AO COMEÇAR A escrever este capítulo, tive de me voltar para dentro e pensar. Criar valor e fazer seu dinheiro e os outros trabalharem para você não é o princípio básico de ter um negócio próprio e ser empreendedor?

Será que todo esse tema não é extremamente óbvio e, portanto, pouco relevante para o livro?

Nem tanto. Muitos não percebem o valor multiplicador do dinheiro e de criar valor.

Lembrei-me de meu avô. E peço agora para que o leitor pense em alguma figura semelhante em sua vida. Pois, na realidade, meu avô nem empreendedor era. Mas, para muitos na época dele, ser empreendedor significava abrir um comércio no bairro (lembre-se de que se tratava de uma época totalmente diferente da que vivemos hoje em dia). Diariamente, ele abria aquela lojinha às sete horas da manhã, trabalhava na frente do balcão o dia inteiro, ao mesmo tempo que controlava o estoque, fazia a propaganda, concedia créditos (vendia fiado para clientes conhe-

CRIANDO VALOR E DIFERENCIANDO O BOM DO MAU NEGÓCIO 167

cidos), cobrava os fornecedores, fechava o caixa e, no máximo, confiava num punhado de empregados, muitas vezes seus próprios familiares.

Nesse modelo de negócios que descrevi, ser bem-sucedido era até comum, mas, de uma forma geral, apenas porque se colocava toda a energia para que o negócio andasse.

É claro que qualquer negócio que você decida abrir precisará de sua energia e dedicação. Para ser bem-sucedido, você terá de trabalhar. Porém, o mais inteligente e rentável é dedicar seu tempo ao planejamento e à estratégia, com pessoas ajudando-o na execução e trabalhando para trazer dinheiro para o negócio.

Arregaçar as mangas e cumprir tarefas preestabelecidas, na medida do possível, está ao alcance de qualquer trabalhador qualificado.

Criar artifícios que permitam trazer dinheiro para o seu bolso mesmo quando você não está presente é o que estou me permitindo chamar de "criar valor".

O grande problema do esquema proposto para o modelo de negócios de meu avô é que hoje vivemos em outra época, e muito dificilmente alguém consegue empreender e ser bem-sucedido apenas por ter tido uma boa ideia ou criado um produto.

O produto e a ideia são apenas a ponta do iceberg.

Para simplificar todo o conceito, vou descrever como aprendi quando ainda era apenas médico e não tinha uma empresa (ou seja, de maneira leiga), com Robert Kiosaki, autor dos livros da série *Pai rico, pai pobre*.

A ideia aqui é transmitir a experiência de uma forma tangível para o leitor, e não explorar o conhecimento de um curso universitário ou de pós-graduação em administração.

Simplificando toda a estrutura, para um negócio prosperar você precisa de:

♦ Produto: sua ideia básica. Em meu caso, vamos pensar que o produto inicial da Nutzz eram os torneios de poker.

♦ Aspectos legais: para fazer os torneios de poker, toda a parte burocrática tinha de funcionar. Isso incluiu desde a abertura e gerenciamento de minha empresa a toda a confecção de parcerias e contratos com fornecedores para que meu torneio fosse possível. Alugar um local para realização, comprar equipamento, contratar mão de obra, recolher impostos, conseguir as licenças...

◆ Sistemas: trocando em miúdos, é o conhecimento de como fazer o torneio. Programar a estrutura, ter o regulamento, os softwares de gerenciamento, as fichas, os diretores de torneio, como fazer os intervalos, as trocas de mesa, as trocas de ficha etc. Essa parte num negócio é o que chamamos de *know-how*.

◆ Comunicação: de que adianta ter o produto, ter resolvido a parte burocrática, saber fazer o torneio, se ninguém o frequenta? Comunicação inclui tudo aquilo que fará meu negócio ser conhecido e, ainda mais, desejado pelos consumidores. Na comunicação, talvez, esteja a diferença entre ser *o* produto do desejo do consumidor e ser *mais um* produto.

◆ Fluxo de caixa: compõe toda a administração financeira do negócio. Saber aprovisionar, não gastar além da conta, investir e reinvestir e se tornar consumível.

Para tornar possível toda essa cadeia de realizações, o trabalho de um indivíduo apenas pode não ser suficiente. É por isso que, quando falamos de empresas e empreendedorismo, falamos tanto de equipes e de liderança.

Acrescento que, para trabalhar de forma coesa, a equipe tem de acreditar, incorporar e vivenciar a cultura da empresa. Por exemplo, sempre que contratávamos alguém que de alguma forma não se interessava pelo poker fora do trabalho, era mais difícil fazê-lo aderir ao conceito da empresa. É necessário concordar com a cultura dela, integrar-se à missão e trabalhar pelos valores.

E, é claro, isso não se aplica somente a essa área específica. No livro *Satisfação garantida*, Tony Hsieh explica como a Zappo só conseguiu prosperar quando ele enxugou a empresa, mantendo somente pessoas

CRIANDO VALOR E DIFERENCIANDO O BOM DO MAU NEGÓCIO

comprometidas com seus valores. Pessoas que se diziam felizes no ambiente, que carregavam a marca com orgulho e acreditavam nos projetos sendo desenvolvidos.

Um dos recursos mais interessantes que Tony usou foi criar o livro da cultura da empresa, no qual anualmente os funcionários podiam escrever (e descrever) como percebiam toda a organização da Zappo. Havia liberdade para citar qualquer aspecto, desde o relacionamento interpessoal até os valores, e mesmo como era conduzida a hierarquia e o crescimento na instituição. De uma forma geral, corrigindo apenas alguns erros gramaticais, não havia censura no que era escrito, e virou o anuário de cultura da empresa. Dessa forma, cada funcionário dava o melhor de si para sua participação no livro, e ler o que o colega escreveu de forma inspirada gerava uma espiral de aprofundamento no vínculo pessoal com a Zappo.

Criar valor para seu negócio não é somente torná-lo um produto fruto do objeto de desejo de seu consumidor; é também saber criar e liderar uma equipe até o ponto em que novos líderes nasçam e possam seguir com seu trabalho.

Nesse ponto, seu valor está criado. É como imagino que seja um parto para qualquer mãe, pois na prática ele se realiza em dois estágios. Primeiro, é cortado o cordão umbilical ao nascimento.

Pronto, o filho veio ao mundo.

No entanto, ele ainda não está pronto para sobreviver sozinho. Os próximos anos vão amadurecendo aquele projeto de ser humano, preparando-o, até que a fase final desse parto acontece mais tarde na vida, quando os pais veem o filho alçar seus voos sozinho, deixando o convívio familiar diário.

O segundo parto, muitas vezes o mais difícil, é o que um empreendedor deve almejar.

É como um empreendedor deve pensar numa empresa. Da concepção de sua ideia ao parto, quando sai finalmente do papel, passando por todo o trabalho para amadurecer e preparar o empreendimento para sua vida adulta, independente e autônoma. Não que você, como todo bom pai ou mãe, não vá estar presente para guiá-lo e orientá-lo pelo resto da vida. Mas chega uma hora em que o negócio tem de andar com as próprias pernas.

Mantendo o foco e seguindo uma estratégia

Uma equipe coesa e uma liderança forte são duas das principais maneiras de fomentar valor para seu negócio. Mas podemos pensar de maneira ainda mais ampla e criar valor por meio da diversificação; porém, com cuidado para não perder o foco do negócio principal.

Vou citar duas histórias para que possamos pensar no que significa perder o foco e o que é agregar valor pela diversificação.

Em busca de apoio para a infraestrutura do BSOP, fizemos uma parceria com a CVC, que é a maior operadora de turismo no Brasil.

O BSOP viaja pelo país inteiro, e a cada mês levamos cerca de 50% a 60% do público de cada torneio em viagens interestaduais. Esses jogadores se hospedam, precisam de passagens aéreas e consomem turismo nos locais por onde o torneio passa.

Uma oportunidade clara de agregar valor e aumentar a lucratividade da empresa, oferecendo maior conforto ao cliente, aconteceria se a Nutzz conseguisse organizar os pacotes de viagem e negociasse diretamente com seus clientes. Estamos falando de algumas centenas de passagens e hospedagens todos os meses.

Parece simples agregar esse valor, correto?

Vamos passar a um segundo exemplo, antes de discutir esse primeiro. O BSOP virou uma marca desejada pelos jogadores de poker. Os jogadores defendem o poker em seus ambientes de trabalho, recomendam meus livros para quem está começando no esporte e não perdem a oportunidade de falar a respeito de seu hobby. Com todo esse cenário descrito, será que esses jogadores não gostariam de usar uma camisa com a marca do BSOP? Vestir-se com a marca que tanto apreciam? Comprar produtos diversos para ostentar seu orgulho?

Não criaria valor lançar uma linha de produtos com a logomarca do BSOP?

Os dois exemplos que citei agregam valor para o BSOP. No primeiro, além de poder lucrar com o mercado de turismo, ainda facilitaríamos a vida dos clientes, que poderiam centralizar suas procuras com o próprio BSOP. No segundo exemplo, não deve ser tão difícil assim criar e apro-

CRIANDO VALOR E DIFERENCIANDO O BOM DO MAU NEGÓCIO

var produtos com a logomarca do BSOP para revendê-los no próprio evento, certo?

Pensamos em aproveitar a parceria com a CVC e abrir uma operadora de turismo. Parece uma excelente ideia no papel. Mas vamos parar para pensar por um minuto mais.

Abrir uma operadora de turismo não é o *core business* da Nutzz. Com isso quero dizer que não é a atividade principal dessa empresa nem a que o *know-how* está estabelecido.

Será que não seria desviar muito da atenção e dos recursos da empresa se, de uma hora para outra, um funcionário de uma empresa de eventos tivesse de vender pacotes turísticos?

Bom, pode ser o caso de uma expansão, correto? Contratam-se mais funcionários para realizar a função e pronto? Não. Como acabei de explicar, temos o aspecto legal, o sistema de implantação, a comunicação, o fluxo de caixa desse empreendimento e, o principal, uma equipe e uma liderança focadas na missão da empresa.

Se olharmos dessa maneira, o esforço gigante que deveria ser feito para que esse novo e próspero negócio desse certo poderia prejudicar o que deveria ser o foco da Nutzz.

Isso significa que não deveríamos trazer esse valor para a empresa?

Não. Significa apenas que o modelo não poderia ser integralista, e não poderia ocorrer a verticalização desses serviços.

É possível criar um braço da empresa e ser sócio desse empreendimento, mas é necessário alguém com conhecimento do mercado e tempo para se dedicar à formação desse braço em todos os seus requisitos.

Se encontrássemos alguém que se integrasse à cultura de nossa empresa, poderia funcionar. Alguém que vivesse o poker e acreditasse nele e em seu potencial, enxergasse a Nutzz e seus produtos como exemplos a serem seguidos nesse mercado e acreditasse no valor de se associar a essas marcas. Não basta chegar para um excelente operador de turismo e propor uma parceria. Ele precisa estar alinhado a essa cultura.

O que difere esse exemplo do segundo? Essencialmente, o segundo é semelhante ao primeiro, já que também é necessário um parceiro que possa se dedicar integralmente ao projeto e com experiência na área de criação e comercialização de produtos de vestuário.

Todavia, se analisarmos ponto a ponto, a Nutzz consegue cumprir mais partes de todo o processo empreendedor.

O modelo pode ser mais participativo, já que a própria comunicação e os produtos, em última instância, se escoariam graças ao evento da Nutzz.

Uma operadora de turismo não precisa e não deve vender apenas o BSOP. Já uma loja de produtos do BSOP, em essência, existe pelo evento, embora no futuro possa se diversificar, após se firmar em seu negócio de base.

Para ser lucrativa, a operadora de turismo tem de vender também outros produtos para seus clientes, como quaisquer viagens de férias que o comprador queira fazer não relacionadas ao poker.

Já a loja de produtos do BSOP não precisa entrar no mercado de outras peças de vestuário não temáticas para ser lucrativa.

O que procuro demonstrar é que, dentro de seu negócio-base, muitas vezes você encontrará oportunidades de agregar valor e fazer seus lucros se multiplicarem. Mas, saindo de seu negócio-base, as dificuldades aumentam e, se não houver o *know-how* necessário, você pode estar comprometendo até seu negócio principal.

Outro ponto importante é saber, além de agregar produtos e negócios, encontrar novas peças para seu jogo. Você deverá saber agregar valores humanos a sua equipe. Procurar por talentos e dar oportunidades para a renovação intelectual de sua empresa. Ideias novas e frescas podem vir de novas contratações e adições.

Você tem de criar um plano para manter o interesse de sua equipe atual e uma perspectiva de crescimento para que o funcionário se mantenha motivado a crescer. E, vendo esse formato para sua organização, novos talentos desejarão fazer parte de seu time. Você se tornará referência em seu meio.

Todo esse valor agregado fará com que seu esforço e capital inicial se multipliquem e façam seu dinheiro trabalhar para você.

Mas como diferenciar o bom do mau negócio?

CRIANDO VALOR E DIFERENCIANDO O BOM DO MAU NEGÓCIO

O poker é um jogo matemático. Essencialmente, quase todos os movimentos de apostas são propostas que têm uma expectativa que pode ser calculada. Quando o resultado desse cálculo de expectativa é negativo, na maioria das vezes não devemos aceitar a proposta, no caso a aposta, e devemos abandonar nossa mão. Quando a expectativa é positiva, devemos fazer o contrário e, às vezes, não só chamar a aposta atual, mas aumentá-la.

Repare que falei "na maioria das vezes", porque, em certas situações, apesar de a expectativa ser negativa, ainda assim vale o risco de pagar uma aposta por toda a situação na qual você está envolvido. Por exemplo, você está num torneio em que restam onze jogadores. Você tem 2 milhões de fichas e é o *chip leader* (jogador com mais fichas no torneio). A média está em 350 mil fichas. O menor stack da mesa, com apenas 150 mil fichas, vai *all-in* (aposta todas as fichas). Você tem fichas suficientes para chamar a aposta, mas possui uma mão fraca. Após calcular, percebe que sua expectativa, levando em conta apenas as fichas no meio do pote, é negativa. Por outro lado, eliminar esse jogador e ir para a mesa final, na qual os prêmios são maiores, pode justificar um *call* (chamar a aposta) e uma expectativa negativa, já que perder essa mão não altera sua posição no torneio nem faz com que o adversário fique forte, pois ele ainda fica abaixo da média do torneio.

Seu ganho financeiro imediato em fichas pode não ser grande, mas, pensando que o torneio passa a ter um jogador a menos e que as fichas desse jogador foram para você, e não para outro adversário, suas chances de ganhar o maior prêmio do torneio aumentam. Afinal, a jogada pode aumentar seu retorno em longo prazo. Se olhasse apenas o momento, você fugiria da jogada; olhando todo o quadro, sua ação pode se modificar.

Ao longo dos últimos anos, já investi em negócios que não trariam lucro, mas que de alguma forma me dariam uma vantagem estratégica.

Ao pensar em criar um aplicativo para smartphones e tablets com a temática do poker, pensei várias vezes que o custo de desenvolvimento desse aplicativo dificilmente retornaria, pois o aplicativo, para ser popular, deveria ser gratuito. Qual a vantagem de criar um projeto para esses meios?

Resolvi criar o PokerZIP, primeiro aplicativo voltado para o meio do poker, com a ideia de posicionamento no mercado. O aplicativo se tornou um agregador de notícias gratuito, trazendo as principais manchetes de poker de todos os grandes sites brasileiros, e ainda apresenta dicas e videoaulas do jogo. O importante nesse caso era estar dentro dessa nova plataforma, antes da concorrência, prestando um serviço de qualidade, ainda que sem gerar lucro direto. No futuro, esse aplicativo pode servir como plataforma de anúncios ou base para novas funções pagas. O PokerZIP é um aplicativo para dispositivos que rodam o IOS (iPad e iPhone) com download gratuito pela App Store.

Apostando para bloquear

Em algumas situações, usei até outro conceito do poker: a *blocking bet*.

O que é essa aposta de bloqueio?

Digamos que, em determinada mão, eu tenha um jogo que sei que está perdendo para o de um adversário. Porém, existem chances de que as próximas cartas a serem distribuídas façam meu jogo melhorar e passar à frente do oponente.

Tenho esperança de que meu jogo melhore. Mas, para ver se isso vai acontecer, não estou disposto a pagar um preço muito alto, porque no momento meu jogo não vale tanto. Como fazer para continuar no jogo e ver se meu jogo melhora sem pagar caro por isso? Uma das poucas maneiras lógicas é tentando, eu mesmo, dar o preço de quanto estou disposto a pagar. Ou seja, fazer uma aposta no valor que estou disposto a jogar, antes mesmo que meu adversário faça sua aposta. Se meu movimento der certo, pode ser que meu adversário apenas pague minha aposta atual, deixando-me ver o desenrolar da jogada sem gastar mais do que tinha planejado. Ou, no melhor caso, meu adversário pode até mesmo desistir da mão com aquela aposta que fiz, e então, eu ganho a jogada.

Nos negócios, você também pode fazer *blocking bets*.

CRIANDO VALOR E DIFERENCIANDO O BOM DO MAU NEGÓCIO

Já apostei em atividades para evitar atrair concorrentes ou apostas maiores do que eu poderia pagar/enfrentar com meu negócio. Já me uni ao inimigo para que ele crescesse sob minha supervisão.

O poker nos ensina a conviver com o adversário a todo momento. Em cada mesa de poker em que nos sentamos, seus amigos, ou os desconhecidos que ocupam as outras cadeiras, querem todas as fichas que estão à sua frente. Você tem de conviver de forma pacífica e jogar dentro das regras, mas também se proteger constantemente dos ataques adversários.

Essa guerra que, no poker, acontece mão a mão, é um aprendizado intensivo do que você vai experimentar no mundo corporativo. Essas "microguerras" são travadas em ambiente macro quando vemos empresas guerreando por clientes ou buscando seu posicionamento junto ao consumidor.

Guerra de preços, estratégias de marketing, planejamento de orçamento, tudo mimetizado dentro da microadministração de uma mesa de poker.

Esse é um dos motivos pelo qual o poker fascina algumas das maiores mentes do planeta. Elas percebem a complexidade de raciocínio e o quanto se consegue extrapolar desse jogo para o mercado corporativo.

Como gestor de um negócio, faço questão de que todos os meus empregados e colaboradores entendam o que é uma batalha por território e saibam jogar poker da maneira como deve ser jogado.

Um diretor de uma grande empresa tem de blefar constantemente e usar da força de sua posição para pressionar os adversários? É capaz de imaginar isso dentro de sua instituição? Ou você quer chegar diante do gerente de sua conta mostrando fraqueza e insegurança? Ou mostrar incerteza sobre qual será seu próximo passo diante de um futuro cliente?

Use um dos maiores aforismos do poker: fraco significa forte e forte pode simbolizar o fraco. Quero meus funcionários jogando poker diariamente, mas em outras mesas. Quero que aprendam a avaliar os riscos e a jogar as cartas corretas.

Porém, como mencionado antes, esse aprendizado no poker começou de forma matemática. Diferenciar a boa da má aposta era uma questão de fazer os cálculos matemáticos e avaliar a situação geral.

Quando comecei nos negócios, não tinha um MBA ou uma faculdade de administração por trás para me dar respaldo. Não sabia como fazer a avaliação de uma empresa, ou calcular a longo prazo se um produto seria ou não lucrativo. Faltavam-me ferramentas que poderiam ser básicas para um empreendedor. Tinha apenas minha intuição. E, devido à falta de conhecimentos técnicos, tomei duas decisões que talvez tenham sido as melhores do início de minha caminhada.

Coloquei na cabeça que, para ser competitivo nos negócios, tinha de adquirir maior conhecimento técnico e usar meu instinto e jogar nos negócios como se estivesse jogando poker.

Poker se aprende nas mesas, jogando, e negócio se aprende fazendo, errando, aprendendo e fazendo um pouco mais.

Escondendo seu jogo

O primeiro conceito básico do poker é não revelar suas cartas. Aquelas duas cartas que você recebe no início só podem ser reveladas se alguém pagar sua aposta final e você for obrigado a mostrá-las. Mesmo que você ganhe uma mão, mas os adversários não paguem sua aposta final, você não é obrigado a mostrá-las.

É como quando perguntam a você quanto ganha. É de conhecimento geral que você não deve revelá-lo. Por quê? Porque essa informação não precisa estar na mesa, e você poderá tirar melhor proveito do fato de as pessoas não saberem logo de cara quanto você ganha.

A dúvida quanto ao que o adversário tem no poker faz com que tenhamos respeito em relação às apostas. Quando passamos a ter certeza de que o adversário está blefando ou jogando um jogo forte, esse medo e respeito desaparecem porque passamos a saber exatamente qual é a melhor decisão a tomar em relação ao jogo do adversário.

Um bom homem de negócios nunca revelará totalmente seu arsenal. Você dará dicas do que tem e do que pode fazer com o que tem, mas nunca abrirá por completo sua estrutura. Mantê-la sob suas asas o ajuda. E fomenta a imaginação de quem está de fora.

CRIANDO VALOR E DIFERENCIANDO O BOM DO MAU NEGÓCIO

Quando olham um evento, podem pensar: "Como é fácil fazer o que eles fazem." Mas não vão saber se é fácil ou difícil. Muito menos como lidamos com as adversidades.

Por quê? Se dermos as informações, alguém pode tentar ir lá e fazer melhor. O segredo é que suas cartas são apenas suas. Seu *know-how* e sua diferenciação são seus. Não os revele.

Uma das maneiras de separar o bom do mau negócio é tentar entendê-lo. Quanto mais você souber das cartas escondidas na manga que podem fazer um negócio ser bem-sucedido, mais propenso estará a querer participar dele.

Vou dar um exemplo prático. Sempre achei que, se eu tivesse um site com tráfego bom — por exemplo, o meu próprio —, ganharia uma grana preta colocando vários *banners*, e que várias empresas pagariam para expor suas marcas nele.

Achei que fosse simples assim: site-tráfego-empresas colocando dinheiro para anunciar.

Foi quando meu irmão, Guilherme Soares, que trabalha com desenvolvimento web há alguns anos, começou a me explicar que, hoje em dia, poucas empresas pagam para anunciar em sites. E, quando o fazem, escolhem grandes portais, com mais de um milhão de acessos por dia. Meu site não chegaria a esse número. Além disso, ele me explicou também que o retorno financeiro por cliques era muito baixo.

Eu achava que sabia do negócio, mas não sabia como ele realmente funcionava.

Foi justamente esse balde de água fria que acabou, num segundo momento, abrindo meus olhos para um dos negócios mais simples e lucrativos relacionados ao mercado de poker e à internet: o mercado de afiliações.

Os sites de poker precisam, para crescer, de um número cada vez maior de jogadores, e a forma encontrada para fazer isso é dar comissões a pessoas que tragam mais jogadores para a rede.

É claro que dá para ir mais além e trabalhar ainda melhor cada um de seus afiliados. Mas muitas vezes o simples ato de ter um *banner* com uma afiliação já o coloca em posição para começar o fluxo de comissões para você.

Esse é um negócio muito bom e que pode ser aproveitado num site ou até um blog pessoal que você tenha. E, o melhor, seu único investimento é manter o site que você já tem interessante o suficiente para atrair clientes e fazê-los abrir contas. Simples? Não. O mercado de afiliações não existe apenas para o poker, e é um modelo de negócios que cada vez mais se espalha pela internet. Sites de comércio eletrônico pagam comissões quando você encaminha compradores que efetivamente realizam compras pela internet. O princípio é que a rede permite uma expansão dos negócios como nunca visto antes.

Foi do conceito de rede, mais especificamente do poder de multiplicação das redes sociais, que surgiu a AcexGames. Estando dentro de um mercado de nicho como o poker, eu pensava em como conseguir atrair a atenção de mais pessoas e alcançar uma nova audiência. O clique veio ao observar um jogo social desenvolvido pela empresa Zynga Games para a plataforma do Facebook. O seu jogo Texas Hold'em, o mais popular da empresa, era acessado diariamente por mais de nove milhões de usuários diferentes (mais de trezentos milhões de jogadores por mês). E qual era o segredo para alcançar tantas pessoas? Claro que, em primeiro lugar, o jogo deveria ser fácil e divertido, mas o que o tornava popular era ser gratuito nas suas funções básicas e ser replicado pelas redes sociais. Quando um usuário joga, automaticamente publica em sua rede social detalhes sobre seus avanços. Isso acaba se tornando uma propaganda gratuita para a empresa. Os próprios usuários ajudam o produto a se propagar. E, é claro, a Zynga, que chegou a ser responsável por 70% do faturamento do Facebook em 2012, vai expandindo o seu cardápio de jogos sociais para atingir diversos tipos de clientes.

Meus novos negócios caminhariam pelos jogos e redes sociais. E aqui, naturalmente, tudo que discutimos até o momento se torna válido. Foi necessário um período de quase um ano estudando as dinâmicas desta nova área, montando um plano de negócios e comercial sólido e amadurecendo os conceitos que permitiriam lançar uma empresa dentro desse novo ambiente.

Diferenciando o bom e o mau negócio: esforço × lucro

Para diferenciar um bom negócio de um mau negócio é importante perceber quanto dos fatores escondidos do negócio você conhece antes de entrar.

Algumas ideias são muito boas, mas o modelo de negócios não é claro. Por exemplo, desde meu início com o poker, sempre imaginei que um bom empreendimento seria abrir uma WebTV. Ter um programa de entrevistas, como um *videocast* sobre poker, e outro explicando a teoria do jogo. Quem sabe, até uma programação inteira. Várias outras pessoas pensavam exatamente como eu.

Mas como tornar esse projeto viável?

Além do fato de que todo o processo tecnológico para implementar esse negócio ser caro e depender de mão de obra especializada, como conseguir que ele se venda? Já falamos de ter anunciantes, mas é tão fácil assim consegui-los?

Dentro de um mercado de nicho, alguns produtos podem competir pelo mesmo anunciante. Ou seja, os negócios passam a beber da mesma fonte, que pode se esgotar. Isso acaba criando uma dificuldade para quem tem que manejar vários negócios dentro de uma mesma área. A empresa de eventos poderia perder espaço junto ao anunciante para eu conseguir encaixar o projeto de uma WebTV.

André Akkari encontrou um modelo econômico viável e lucrativo para um projeto semelhante, o TVPokerPro, que é um sucesso.

Porém, para ele, em um determinado momento, esse era o carro-chefe e principal produto para injetar seus esforços comerciais. E em seguida foi uma das molas mestras para a impulsão de outros produtos e até mesmo para a chegada da televisão a cabo e aberta do BSOP (Rede Bandeirantes).

Ou seja, o que para você pode não parecer um bom negócio, por tirar força sinérgica de outros projetos, para outras pessoas pode ser muito bom.

É nesse momento que entendemos que a linha entre um bom e um mau negócio é mais difícil de entender do que parece à primeira vista.

A maioria dos leitores está pensando apenas em como definir se seu primeiro negócio é uma boa ideia ou não.

Os conceitos continuam valendo, tanto para seu único negócio quanto para uma expansão. Conhecer as cartas ocultas do negócio vale para todas as situações.

Porém, a diferença está em saber que, quando falamos em expansão, estamos falando em conceitos como "esforço marginal" e "lucro marginal".

Contudo, uma das principais coisas que aprendi é que às vezes não podemos abraçar o mundo, pois o esforço que teremos de fazer para um novo negócio dar certo não dá o retorno que daria em outro negócio que já temos. Muitas vezes, o esforço para um novo negócio é maior, e o lucro, muito menor. Mas isso não torna o novo negócio ruim. Ele apenas não se encaixa naquela circunstância.

Quando se está começando o primeiro projeto, um dos fatores a ser levado em conta é quanto de seu esforço gerará o retorno desejado. Vale até lembrar a máxima do 20/80, em que dizem que 20% de seu esforço tendem a gerar 80% dos resultados. Ou seja, muitas vezes saber se focar no projeto correto é o caminho para o sucesso.

Muitos empreendedores complicam seus negócios. O conceito original é bom, mas, em vez de focarem suas energias num ramo de atuação, começam querendo atingir de uma só vez várias áreas.

Gustavo era muito talentoso e decidiu abrir uma pequena loja de informática. O princípio básico era simples: comprar e revender produtos que tinham uma demanda boa.

Havia tudo para que o negócio prosperasse e desse certo. Mas ele resolveu se diferenciar. Além de comprar e vender, também projetava e instalava redes domésticas e comerciais (fazia a ligação em rede de seus computadores). Depois, resolveu que faria também recuperação de HDs e, por último, instalação de sistema de gerenciamento e controle para comércio adaptados ao cliente.

Gustavo tinha, individualmente, todas as habilidades para fazer qualquer uma dessas atividades. Mas não todas ao mesmo tempo.

CRIANDO VALOR E DIFERENCIANDO O BOM DO MAU NEGÓCIO

> *Ele começou a não cumprir prazos e não conseguia treinar uma equipe eficiente para realizar as atividades, pois não podia treinar os novos funcionários e sair para fazer a instalação ao mesmo tempo. Além disso, quando ele saía, ninguém cuidava da loja e da captação de novos clientes.*
>
> *Logo, tudo se tornou uma bola de neve. Eram grandes ideias, mas sem um planejamento robusto. Um grande negócio que acabou não indo adiante. Faltou foco.*
>
> *Aqui a questão não foi ser um mau negócio. Foi querer abraçar o mundo.*

Citei uma palavra interessante, "diferenciar". Algumas pessoas confundem o significado dessa palavra para os negócios. No caso que citei, diferenciar sua loja não devia ser colocar em sua estrutura quatro ou cinco serviços completamente diferentes do foco de sua loja. Uma empresa pode se diferenciar das demais do mesmo ramo ao fazer com excelência o que as concorrentes não fazem.

Por exemplo, duas lojas podem ter resultados de venda muito diferentes se uma delas se focar no atendimento ao cliente e na experiência dele. Vamos imaginar duas lojas de comércio eletrônico. Num dos sites concorrentes, você encontra telefones para atendimento ao cliente em todas as páginas; no outro, apenas um formulário estático que será respondido em alguns dias. Num dos sites, a entrega dos produtos leva de 24 a 48 horas; no outro, o prazo pedido é de uma semana. No primeiro, você encontra diversas formas de pagamento; no segundo, menor variedade.

> *Aline Aguiar é uma das sócias da AmoMuito.com. O site especializado em venda de acessórios femininos em apenas três anos se tornou líder no segmento de e-commerce e atraiu o interesse de grandes grupos varejistas. O diferencial da AmoMuito é o atendimento ao cliente. Com*

uma proposta de aproximação via redes sociais e falando a linguagem de seus clientes, a AmoMuito transformou clientes em fãs que passam a defender a marca e se sentir parte integrante do sucesso do projeto. A fidelização dos clientes garante um crescimento sustentado, com uma alta taxa de retorno e também uma garantia do compartilhamento viral de seus produtos. O segredo comercial da AmoMuito? Sua equipe é formada apenas por mulheres. São mais de vinte funcionárias, todas especialistas e consumidoras do produto que vendem. O investimento inicial para a AmoMuito foi pequeno comparado a outras empresas do setor. O diferencial foi saber alocar a banca para a diferenciação e a conexão com o consumidor.

Diferenciar-se dos concorrentes não significa apenas fazer algo diferente, mas fazer melhor que o adversário.

Isso nos leva ao outro ensinamento do poker. Na realidade, aprendi essa lição de forma inversa. Num pote pequeno, não faça grandes investimentos de fichas.

Ou seja, na maioria das vezes, a resposta para a pergunta "vale a pena arriscar tentando esse blefe?" é não. Para que investir muito num pote pequeno? Mantenha os potes pequenos nesse mesmo tamanho e invista seu *stack*, suas apostas e seu esforço naqueles potes que realmente fazem a diferença.

O princípio fundamental do poker, que não me canso de repetir em meus cursos, é: aposte grande quando for para ganhar um pote grande. Arrisque-se pelo que vale a pena, e, então, isso poderá fazer a diferença para o seu negócio e para a sua vida.

12

Construindo sua imagem à mesa: como trabalhar o marketing pessoal e o da sua marca

---

Eu normalmente aceito as pessoas com base nas imagens que elas criam de si mesmas, porque essas imagens têm mais a ver com o que elas pensam ser do que com o que elas realmente são.

Andy Warhol

SE ESTAMOS FALANDO de negócios, por que parar para pensar em imagem pessoal? Alguns podem questionar que deve aparecer a marca, e não quem está por trás da empresa.

Não poderia haver visão mais equivocada. Falar assim é não olhar para todo o quadro que se apresenta. Para formar sua empresa, você tem de passar por vários processos, que incluem estar atento a como você é percebido pelo meio (desde quando precisa buscar crédito numa instituição financeira a quando tem de lidar com seus parceiros e fornecedores). E, acredite, sua imagem muitas vezes o precede. Saber construir uma imagem que passe solidez, confiança e empatia ajuda seu negócio a prosperar.

A real compreensão do que é criar uma imagem perante a sociedade transcende as discussões de negócios.

O tempo todo somos cobrados por uma postura, que começa nos fundamentos de educação e boas maneiras e segue por manter-se dentro dos comportamentos aceitáveis pela moral e pelos bons costumes.

Fazemos isso muitas vezes sem perceber, mas dificilmente expomos nosso verdadeiro "eu" no cotidiano. As pessoas que mais se aproximam de nos conhecer de verdade são os familiares e cônjuges, pois convivem mais intensa e diretamente conosco.

O preto e o branco

Todos temos dentro de nós o branco e o preto. Tenho todos os impulsos bons e generosos e procuro permear minha vida por valores que fui educado para ter, mas também sinto inveja, raiva e estou sujeito a acordar de mau humor.

No já citado *A sombra humana*, de Deepak Chopra, encontramos alguns argumentos importantes sobre autoconhecimento. O potencial do ser humano para o bem e para o mal está presente em todos nós. Qual parte deixamos aflorar depende da nossa abordagem em relação à vida. Nessa obra, é descrito como todos temos todas as formas de sentimento dentro de nós e como ninguém é 100% "bonzinho" ou "mauzinho".

Mais ainda, vou propor uma reflexão interessante. Pense agora numa pessoa de quem você não gosta ou com quem não simpatiza. Pense em como você acha que essa pessoa não é uma pessoa boa. Você pode achá-la antipática ou, às vezes, algo até mais grave, como mau-caráter, inescrupulosa ou maquiavélica. Você pensa como aquela pessoa é egoísta e faz as coisas por maldade.

Agora, pergunte-se o seguinte: como você acha que aquela pessoa se vê? Como ela se enxerga? Será que ela pensa que ela é malvada, inescrupulosa e maquiavélica? Normalmente, não. Tirando as exceções patológicas (os psicopatas de verdade), a grande maioria das pessoas acha que seus comportamentos são justificáveis de acordo com os valores que possuem, ou, ainda, acham motivos para suas ações, muitas ve-

CONSTRUINDO SUA IMAGEM À MESA

zes colocando a culpa em outros. Ou seja, a pessoa que você acha que é inescrupulosa e maquiavélica não se acha assim. Ela se acha correta e de boa índole. Ela acha que apenas reage ao meio e ao que a sociedade lhe impõe como saídas.

Você sabe qual é a definição de psicopatia? Muitos se enganam com esse termo, pois acham que ele se refere apenas àquelas pessoas capazes de matar outras (os *serial killers*) e cometer crimes horrendos. Não é bem assim. Uma explicação leiga para a psicopatia seria falar que a pessoa não tem sentimentos, bons ou ruins, ligados a suas ações. Ou seja, ela fala e age sem se importar com as consequências que isso traz para os outros e sem demonstrar nenhum tipo de remorso. Tentando partir dessa definição, tente pensar se você acha que algumas pessoas de seu meio agem como psicopatas.

A grande maioria das pessoas se considera um grande ser humano e tem muita dificuldade de enxergar seus erros. Muitas vezes, não consegue admiti-los mesmo quando outros os apontam.

Contudo, para a vida, é muito importante prestarmos atenção aos dois lados simultaneamente. Devemos nortear nossa vida de acordo com nossos valores, quem queremos ser e o que queremos acrescentar à sociedade.

Como uma empresa precisa de sua missão, valores e princípios, todo ser humano deveria procurar escrever e delinear os seus também.

Sendo assim, é muito importante perceber que, além do que realmente somos, temos de nos preocupar com a opinião das pessoas a respeito de nós, e se isso nos agrega um valor social.

Quantas vezes você já ouviu alguém dizer frases como: "Estou pouco me importando com o que pensam de mim", "Não ligo para a opinião dos outros; não pagam minhas contas", "Quem é ele para julgar meus atos?"?

É possível perceber como, na prática, jamais conseguiríamos escapar do julgamento de outras pessoas? Vivemos em sociedade e somos observados, criticados e escrutinados ao longo do caminho por nossos pais, amigos, colegas de trabalho, chefes, namorada(o) ou esposa(o), enfim, por todos ao redor.

A atitude de dizer que isso não lhe importa é errada no conceito original, pois você precisa se adequar à sociedade, ou uma grande parte de sua vida não se ajusta. Para aliar sucesso com o desafio a valores da sociedade, você tem de trilhar um caminho bem mais difícil.

Então, a grande verdade é que você tem de viver pelos dois lados. Autoconhecer-se e trabalhar princípios e valores que quer para sua vida, mas também se preocupar com o que a sociedade pensa a seu respeito.

E, é claro, ainda não estou abordando o ponto principal sobre marketing pessoal. Porque uma coisa é se tornar consciente de como a sociedade o percebe, outra, mais difícil ainda, é trabalhar essa imagem para que se adapte a suas necessidades profissionais e pessoais. Ou seja, trabalhar para que a imagem seja o mais positiva possível de acordo com seus valores.

Não dá para deixar de reforçar a importância que tem no seu sucesso que as pessoas enxerguem você com uma imagem adequada. Em algumas posições é necessário ter uma imagem de durão, mesmo que você não seja. Em outras é necessário ter uma imagem de riqueza mesmo que você ainda não seja independente financeiramente. Indo para o meu mundo de médico, como ser um cardiologista fumante e obeso? Ou um dermatologista com a pele totalmente vermelha por exposição excessiva ao sol? Ou um pediatra ranzinza?

No palco dos negócios

Entretanto, o que queremos discutir é como ir ainda mais longe. Hoje, o grande valor está em conseguir passar sua mensagem para a maior audiência possível.

Entretanto, aqui aparece o paradoxo dos "likes" do Facebook. O Facebook propagou que seus posts são mais populares de acordo com o número de likes que recebem. Em seguida, começou a cobrar as empresas que queriam divulgar suas páginas e produtos, para mostrar seus posts para uma audiência. Os likes passaram a custar dinheiro de marketing para as empresas. Surgiu então uma oportunidade de negócio para os atentos. Vender likes por um preço mais acessível que o disponi-

CONSTRUINDO SUA IMAGEM À MESA

bilizado pelo Facebook. O paradoxo se apresenta quando a empresa percebe que o numero de likes alto, que é necessário para mostrar seu anúncio a um público maior, muitas vezes está apresentando os posts para um público diferente do seu público-alvo, e portanto, não consumidor do seu produto. Mais likes não significam uma relevância para o segmento que deseja atingir. Popularidade não é sinônimo de vendas.

Ou seja, fazer o marketing pessoal vai além de entender como as pessoas o percebem. Você tem de se fazer notar, e pelo maior número de pessoas que conseguir que tenham relevância para sua área de atuação. Tem de utilizar técnicas que façam as pessoas pararem, olharem e o admirarem de alguma forma. E, dessa maneira, tornar-se relevante para o universo das pessoas que se relacionam com você, sejam elas propagadoras ou formadoras de opinião, e depois, numa esfera ainda maior, mesmo as que não fazem parte de seu círculo.

Porém, isso acontece passo a passo. Vamos voltar um pouco ao poker e aos ensinamentos das mesas.

Como eu disse, uma das primeiras coisas que aprendemos no poker é a prestar atenção a quais jogadores são *tight* e quais são *loose*, para nos adaptarmos ao tipo específico de adversário. Contra cada um deles devemos aplicar uma estratégia diferente.

No entanto, os adversários aprendem o mesmo e estarão nos olhando em busca das mesmas informações. Ou seja, ao entrarmos num jogo, os oponentes também estão tentando criar um perfil nosso.

Logo que você se sentar numa mesa, perceberá que o tempo todo os adversários o observam, e você tem de estar consciente da imagem que passa a eles.

Num primeiro momento, sua preocupação inicial será não demonstrar inexperiência no modo de se portar, segurar as fichas e as cartas e ter naturalidade com o seguimento do jogo e de suas regras.

Depois, você começa a pensar no modo como os adversários estão percebendo sua estratégia. Se eles o acham *tight* ou *loose*. Se acham que você está jogando de forma agressiva, fazendo muitas apostas e aumentos, ou de forma passiva, largando mãos e apenas pagando apostas, sem fazê-las.

A partir desse ponto, só existe uma evolução natural: você querer começar a trabalhar sua imagem à mesa. Isso acontece quando você percebe que imagem é um fator fundamental para sua vitória.

Mais cedo ou mais tarde, mesmo os jogadores mais fracos começam a entender que devem mascarar a força de suas mãos e seu estilo de jogo para não ficarem muito previsíveis à mesa.

Lembra-se do que comentei nos parágrafos anteriores? Não são as pessoas que têm de mudar de opinião; sou eu que tenho de me fazer perceber como acho que deve ser. Não posso esperar simpatia espontaneamente. Tenho de cativar essas pessoas.

Entretanto, fazer marketing pessoal e vender uma imagem vai além disso.

Um dos meus primeiros acertos no mercado de poker aconteceu em 2007. Na época, queria participar do evento principal do WSOP em Las Vegas. Mas o custo era muito alto. A entrada do torneio custava dez mil dólares e somando os custos de viagem chegava a quase quinze mil. Montei um projeto junto com Leandro "Brasa" e fomos atrás de alguém que quisesse bancá-lo. Veio o Tower Torneos, empresa de poker on-line que fazia alguns torneios ao vivo pelo Brasil. A Nutzz havia organizado o Tower Cruise, primeiro torneio brasileiro a acontecer dentro de um navio. O evento foi filmado e posteriormente televisionado, Leandro e eu começamos a trabalhar como comentaristas para o programa de televisão. O projeto que criei era audacioso.

Pedimos ao Tower uma verba de cinquenta mil dólares, para que fôssemos a Las Vegas a fim de participar do campeonato mundial de poker. Em troca, faríamos reportagens diretamente de lá, tanto para meu blog quanto para os programas do Tower.

Corri atrás de credenciais de imprensa para mim e para o Leandro, e, assim, além de jogar, poderíamos cobrir o maior evento de poker do mundo com exclusividade para o Brasil.

Inspirei-me na história de um livro que tinha acabado de ler, de James McManus, chamado *Positively Fifth Street*. Nele, o autor, que era jornalista, tinha ido cobrir o WSOP para uma revista, a *Harper's Magazine*, a fim de fazer uma reportagem sobre mulheres no poker e também

CONSTRUINDO SUA IMAGEM À MESA

sobre o julgamento de Rick Tabish e Sandy Murphy, acusados de ter assassinado Ted Binion, um dos donos do cassino Binion's Horseshoe (onde acontecia, na época, o WSOP).

Ao chegar a Las Vegas, McManus acabou participando de um satélite (torneio que dá como premiação a inscrição em outro torneio com valor de inscrição maior) para o evento principal do campeonato mundial de poker. Na prática, ele jogou um torneio com inscrição de quinhentos dólares e ganhou uma vaga no evento principal do WSOP, que custava dez mil dólares. O livro descreve seu trabalho de jornalista ao mesmo tempo que conta como ele acabou chegando à mesa final do torneio e ficando em quinto lugar no maior evento de poker do mundo, em 2000.

Pensei: por que não fazer o mesmo? Cobrir o WSOP, jogar no evento e, quem sabe, trazer um prêmio para o Brasil?

Vendi o projeto para o Tower mostrando todas as vantagens de cobertura de mídia que o site poderia ter. No final, a história do livro quase se repetiu — não comigo, mas com Leandro "Brasa".

Em 2007, fomos representando o Tower Torneos, e, além de cobrir o evento para o Brasil, Leandro foi o primeiro brasileiro a alcançar a mesa final de um torneio do WSOP. No evento 47 de 2007, com *buy-in* de 1.500 dólares, Leandro, após dois dias de torneios, chegou à final contra nove jogadores.

E eu pensava o quanto tinha sido inteligente vender um projeto em que dizíamos que nossa imagem ajudaria a trazer propaganda positiva para o Tower Torneos. Um investimento de cinquenta mil dólares. E o retorno?

Após muita expectativa, a mesa final com Leandro começou, e ele lutou bravamente até ser eliminado na quarta posição, levando um prêmio de quase duzentos mil dólares. Até aquela data, era o máximo que um brasileiro havia conseguido amealhar num torneio de poker. Ele foi o primeiro brasileiro a chegar lá, mas, claro, não seria o único. E tudo começou porque soubemos "vender o peixe" da maneira correta.

Até agora, a principal lição para trabalhar sua própria imagem é a de que devemos perceber como as pessoas nos veem em primeiro lugar. Depois, devemos trabalhar para que nossos valores e personalidade passem a ser enxergados por essas pessoas. E, por último, devemos ir atrás de mecanismos que expandam o alcance dessa visão para ainda mais pessoas.

As ferramentas que usei nesse processo foram:

- ◆ Identifiquei minhas forças: era um bom escritor; era um jogador de poker já conhecido devido ao título paulista e ao trabalho à frente da Nutzz.

- ◆ Expandi meus meios de comunicação: lancei um livro, criei um site pessoal e consegui achar o caminho da televisão.

- ◆ Fui procurar as mídias alternativas como Twitter, Facebook e outras redes sociais.

- ◆ Foquei em aumentar meu *networking* e conhecer pessoas novas que pudessem influenciar meu caminho.

- ◆ Trabalhei minha imagem externa.

Passei a falar menos da minha vida pessoal nesses meios e, principalmente, me queixar menos. Posts em redes sociais serão lidos por todo tipo de pessoas agora e no futuro. Algo escrito para posteridade pode ser mal-interpretado, e expor suas fraquezas não o ajuda.

Em seguida, comecei a procurar outras formas de colaboração. Sempre estive atento às novas mídias. Mantinha um perfil no Orkut, que era a rede social mais popular no Brasil em 2007, e depois criei também um perfil no Facebook. E, com a chegada do Twitter, um no microblog (@leobello).

Quanto mais amigos e seguidores eu tivesse, mais poderia influenciar pessoas e gerar negócios. Se eu tivesse apenas focado em fazer minha empresa crescer sem trabalhar minha imagem pessoal, muitos projetos não teriam surgido. Estando em evidência junto com meus sócios e amigos pioneiros no Texas Hold'em no país, eu conseguia receber propostas de novos trabalhos em outros segmentos do poker. Assim, a ima-

CONSTRUINDO SUA IMAGEM À MESA

gem pessoal e o marketing retroalimentavam a cadeia que me permitia expandir meus negócios.

Lembra que comentei que o mais importante ao trabalhar sua imagem pessoal é perceber quais são os valores e as características pessoais que mais o valorizam? Sempre gostei de escrever, de falar e de explicar coisas. E, com os livros e o trabalho com o poker, pude começar com um projeto que, hoje, é o que me dá o maior prazer de todas as minhas linhas de trabalho: palestras e *workshops*.

Comecei fazendo treinamentos, quando aproveitava para falar de técnicas e teoria para aperfeiçoar o jogo. Eram como clínicas de poker. Normalmente para jogadores intermediários e avançados.

No entanto, não parei por aí, pois, na verdade, o que mais me chama a atenção no poker é como ele me ajudou a desenvolver diversos lados de minha vida pessoal e profissional. Então, percebi que minhas palestras podiam ser mais abrangentes do que apenas falar de poker para jogadores. Assim, resolvi falar de conhecimentos de vida em geral, para uma audiência interessada em desenvolvimento pessoal e profissional.

Abracei as palestras corporativas sobre poker e negócios e, junto com minha experiência anterior como médico, pude trazer grande conteúdo para esse público.

Com a imagem de escritor, automaticamente as pessoas me viam como um professor. Alguém capaz de ensinar as técnicas do jogo e um pouco da experiência como empresário.

Muitas vezes o que precisamos na vida é de inspiração e orientação. O poker me inspirou e tento passar isso adiante. E orientar com as ferramentas que tenho a meu dispor.

Acima de tudo, o que funcionou para mim pode não ser a resposta para todos, mas um dos principais pontos que ajudam a construir uma boa imagem pessoal é se tornar relevante para outras pessoas do seu meio.

Assim como falamos que um evento como uma Copa do Mundo de futebol pode deixar um legado social para as cidades-sede, você pode trabalhar para construir o seu legado pessoal e o de sua empresa.

Hoje a internet é um grande facilitador. As redes sociais permitem que você exponha suas ideias, talentos e imprima suas melhores características de tal modo que, se o que você tiver a dizer for interessante e relevante, rapidamente se espalhará.

Comece a pensar, então, no que poderia trazer benefícios para quem estiver lendo suas publicações.

Em vez de reclamar da última briga com sua namorada, ou dizer que é infeliz e está chateado com o mundo, publique algo que possa influenciar seu leitor.

O sucesso em uma rede social depende de quão interessante e relevante para a vida dos seus leitores seu conteúdo é.

Vou dar um exemplo no caso do poker. Certamente, um jogador de poker se interessa por notícias do meio, e passa parte do seu dia procurando-as. Por que então, ao ler uma notícia relevante, você não a compartilha com seus amigos? Ou então, por que não escrever um artigo sobre sua experiência e técnica no poker? Ou produzir uma entrevista com alguém do poker? Ou ainda, publicar diariamente um calendário com os bons torneios do dia?

Se você trabalha em uma agência de publicidade, por que não publicar na sua *timeline* links para grandes campanhas que você encontrou em sites como o YouTube, ou talentos musicais que poucas pessoas conhecem?

Torne os seus posts interessantes e relevantes.

Além disso, demonstre também que você é um ser humano como todos os outros. Tem um gosto pessoal que vale a pena ser partilhado? Torce por algum time de futebol ou assistiu a um bom filme? Se feito do modo correto, falar sobre uma vitória de seu time ou dar uma dica de filme divertido pode humanizá-lo e aproximá-lo mais ainda da sua rede.

Não confunda isso com um post no gênero:

♦ Gol!!!

♦ Entrando no cinema.

Não é relevante que você está indo ao cinema ou se arrumando para a balada, muito menos que teve gol (de quem, quando e como?). Relevante é sua crítica sobre o jogo após o encerramento, ou uma opinião

CONSTRUINDO SUA IMAGEM À MESA

sincera para outras pessoas sobre o valor do filme que você acabou de assistir. Embora sejam opiniões, elas pelo menos fomentam o diálogo, em vez de simplesmente dar uma informação.

Recentemente saiu uma reportagem dizendo que cada vez mais as empresas buscam pesquisar a vida de candidatos a colocações observando o seu comportamento em redes sociais. Imagine o quanto isso pode influenciar no seu futuro e no seu sucesso.

Enquanto escrevia este texto resolvi dar uma olhada na minha *timeline* e procurar exemplos reais (claro que omitirei o nome dos autores). Foi um trabalho rápido e simples:

- ♦ Um conhecido jogador de poker, jovem, escreveu se gabando que preferia ficar com várias garotas diferentes a se encoleirar e ganhar responsabilidade.

- ♦ Um outro amigo escreveu para seus seguidores: "Sábias palavras: Foda-se!"

- ♦ Um casal de namorados escreveu cada um em sua linha do tempo: "Vou cuidar da minha vida que ganho mais."

Qual o problema desses comentários? São absolutamente normais na vida de qualquer um de nós, correto? Todos nós xingamos quando estamos revoltados ou topamos com uma pedra, alguns podem adotar um estilo de vida sem amarras e outros têm direito a escolher outra opção, e namorados brigam e depois se reconciliam.

Só que nenhuma dessas informações é relevante ou impactante para seus seguidores, e ainda nos expõem a julgamentos desnecessários, que podem não impactar nesse exato momento, mas gerar problemas futuros.

Passando para um outro aspecto da sua vida digital, é claro que o tamanho da sua audiência importa, mas ainda mais importante é lembrar que é importante que essa audiência seja qualificada.

Utilizando uma ferramenta como o Twitter existem diversas maneiras para aumentar seus seguidores em milhares, pagando ou utilizando certos serviços replicadores. Mas o alcance que você terá será de pessoas que provavelmente nem irão ler as suas mensagens.

Para aumentar naturalmente seus seguidores, faça o que sugeri: torne-se relevante para eles. Tenha algo a dizer ou a mostrar que possa interessar quem o acompanha (além é claro de sua família e amigos mais chegados).

Agências de mídia social

Percebendo a demanda do mercado, nos últimos anos um novo tipo de agência de propaganda tem se proliferado: a especializada em mídias sociais. Essas agências criam e administram perfis e campanhas para atingir grandes grupos de pessoas de forma qualificada. O trabalho vai desde a criação de promoções até a postagem e resposta aos que reagirem à campanha.

Lembre-se também que o trabalho com sua imagem pessoal é contínuo e não deve se limitar a atitudes e iniciativas isoladas. E, ainda mais importante, um deslize pode colocar tudo a perder.

Aqui o poker foi uma das ferramentas que mais me ajudou. Por quê? Constantemente, em um torneio de poker ao vivo, sou confrontado com situações de estresse. Em apenas um torneio, sou atacado por adversários que querem todas as minhas fichas várias vezes, tentam blefar (e muitas vezes conseguem), eu tento blefar (e, às vezes, sou descoberto), perco mãos vergonhosas, ganho mãos de forma brilhante.

Todas essas ações têm um efeito em mim e nos meus adversários. É claro que me irrito com meus erros primários e algumas vezes tenho raiva do adversário que jogou melhor do que eu.

E ainda: como agir quando elimino um oponente que sai extremamente chateado com o ocorrido? Como comemorar sem humilhar o adversário?

E o contrário? Quando sou eliminado, como me comportar em relação aos outros jogadores?

CONSTRUINDO SUA IMAGEM À MESA

Pela frequência com que somos confrontados com essas situações delicadas, acabamos aprendendo como em um curso intensivo.

No início, eu explodia ao ver uma jogada ruim ou ser eliminado de um torneio. Com o tempo a frequência foi diminuindo, até eu me conscientizar de que perder um torneio não é perder a batalha. E que uma reação intempestiva pode arranhar bastante uma imagem.

Algumas reações que tive no início da minha carreira de jogador me acompanharam por um longo tempo, e até hoje, às vezes, um outro jogador comenta sobre o temperamento alterado em algum torneio lá atrás. Isso mostra um fato: recuperar uma imagem é ainda mais difícil do que construir uma.

Hoje em dia, ferramentas de solidificação de sua marca pessoal podem ser tão importantes quanto de sua empresa. No meio do poker, André Akkari foi a pessoa que mais se destacou com estratégias de fortalecimento de sua marca pessoal. E isso, se transformou em mais negócios e lucros para o seu bolso. Ser mais conhecido no meio e popular entre os consumidores o ajuda na hora de criar novos negócios e ele próprio ser o agente propulsor dos produtos.

Na hora de trabalhar sua marca pessoal, procure ao mesmo tempo que lembra ao público de suas empresas e produtos, também oferecer algo a mais, não vinculado aos produtos ou a custos.

Por exemplo, apesar de uma das minhas atividades ser dar palestras para empresas e cursos, no meu site pessoal (leobello.com.br), tenho sessões de interatividade (Pergunte ao Pro e Quiz) onde não só respondo sem custo algum a dúvidas de jogadores e leitores, como também dou prêmios para aqueles que participam.

No marketing pessoal vale a máxima que é preciso dar para receber. É uma troca com seu público, que potencialmente é um consumidor para as suas empresas e negócios.

Como foi citado no início do capítulo, o marketing pessoal não se resume a pessoas públicas como atores, cantores e esportistas. Você que é parte de uma equipe em uma empresa, e tem planos de carreira, precisa se preocupar da mesma forma com a imagem que transmite, tanto no âmbito interno da empresa, como para o mercado que o observa.

E esses ensinamentos do poker tanto se aplicam a seu marketing pessoal, e à influência dele na sua história de sucesso, quanto à imagem de uma empresa ante seu público.

Muito embora o marketing pessoal seja o tema deste capítulo, não custa lembrar que parte da construção da imagem do seu negócio passa por planejar a interação com o seu público.

Um fato importante que aprendi ao longo do tempo foi como lidar com críticas e crises. Em primeiro lugar, dimensione o problema e evite entrar em atritos ou se posicionar antes de refletir no assunto. Não é preciso demorar a responder, mas pense em um primeiro momento que a sua resposta pode ser um "estamos analisando o ocorrido e teremos um posicionamento oficial em X tempo".

Por fim, quando se posicionar, procure ser o mais completo possível, pensando nas consequências da resposta e evitando abrir espaço para discussões.

Procurar responder a seu público seguindo os valores de sua empresa é fundamental. Lembre-se de que um negócio sobrevive à base do seu consumidor, podendo ser este um cliente, um parceiro ou um fornecedor. Ele é parte integrante da cadeia que gera renda para sua empresa e não pode ser ignorado.

As melhores marcas são aquelas que conseguem marcar positivamente e influenciar seus consumidores. Torne-se necessário e relevante tanto no campo pessoal quanto no empresarial.

13

Winning it all: ser campeão

Ganhar é tudo. Ganhar é tudo que existe. Apenas as pobres almas
enterradas abaixo do campo de batalha entendem isso.

Seal Team, grupo de elite do exército norte-americano

Ganhar não é tudo, mas o esforço para ganhar é.

Zig Ziglar

COMO PODEMOS PERCEBER nas citações acima, em alguns casos ganhar pode ser a diferença entre a vida e a morte. Em outros pode ser relativo, mas o esforço e a energia para tentar ganhar têm de estar sempre presentes.

O que é ser vencedor no ambiente do poker e dos negócios? Não tenho dúvidas de que o campeão mundial de poker é um vencedor. E também um milionário. Mas será que isso é suficiente para se declarar um vencedor na vida? E por que depois que um desses felizardos ganha o seu primeiro mundial ele continua correndo atrás de um segundo título? Ou por que os grandes empresários, que já construíram impérios, continuam com o "sangue nos olhos" e a "faca nos dentes", querendo sempre mais?

O que é ser um campeão no poker, nos negócios e na vida?

Ganhando, nos sentimos poderosos como se nada pudesse nos atingir, pensando que teremos sempre cada vez mais sucesso. Por outro lado, quando estamos tendo problemas ou, simplesmente, perdendo, energia negativa parece sair por todos os poros da pele.

Um dos ensinamentos que aprendemos ao longo da vida é que quanto mais intensamente tentarmos, mais sucesso teremos.

Você já deve ter se questionado sobre essa frase no que diz respeito a relacionamentos, mas talvez tenha sido com o poker que meus olhos se abriram. Em relacionamentos, no poker e nos negócios, a psicologia representa uma grande parte do jogo, e quando ficamos forçando os limites, os resultados normalmente são piores.

Uma das principais razões para não conseguir ganhar é precisar ganhar. A pior hora para entrar em um jogo de poker é quando você pressiona para obter resultados. Normalmente, na ânsia de resolver e obter o resultado mais rápido, cometem-se erros estratégicos que acabam custando muito caro.

Ao entrar no mercado, você ouve por todos os lados que o bom executivo é o que sabe agir sob pressão, e eu mesmo já falei sobre isso.

O bom executivo é o que sabe avaliar as opções e fazer a escolha correta. Mas se você tem apenas uma única saída, não há escolha a ser feita.

Se você possui apenas uma única opção de investidor para sua empresa e precisa desse dinheiro para prosseguir no negócio, como conseguirá sentar e fazer uma boa negociação? É a sua única opção.

Se você tiver uma discussão em seu relacionamento amoroso e impuser uma única opção para resolver o assunto, na realidade você não está procurando resolvê-lo.

Em qualquer jogo de poker você evidencia isso com uma clareza impressionante. Quando o jogo começa, todos têm muitas fichas, e os *blinds* são baixos. Dessa forma, os jogadores estão superconfortáveis escolhendo que mãos jogar, o quanto devem apostar, quando devem sair, sem muita preocupação. A cada rodada, várias opções se abrem em leque na frente de cada competidor e tudo é uma questão de fazer as escolhas certas. Com a continuidade do jogo, alguns começam a ganhar, e aqueles que estão perdendo progressivamente têm menos fichas e menos opções de jogo. Sabem que estão pressionados e que se não ganharem logo uma mão grande acabarão eliminados do jogo.

A pressão por ganhar parece nesse momento inversamente proporcional à quantidade de opções de jogo.

Quem conhece poker sabe que uma vez com o *stack* curto (*short stack*), a única alternativa passa a ser fazer uma aposta com todas as suas fichas em uma mão. Ou seja, quando você resolve ir pro jogo tem que arriscar tudo (all-in).

Em todos os torneios de poker podemos observar a mesma rotina, e a principal lição é a de que você precisa se mexer antes de seu *stack* ficar curto, ou seja, enquanto ainda tem outras opções.

Colocar-se em uma posição na qual você precisa vencer para continuar em um negócio torna muito mais difícil atingir seus objetivos.

Um ponto para a maioria das pessoas é que vencer na vida possui uma relação direta com acumular riquezas e conquistar a independência financeira. Muito embora eu não concorde de todo com essa afirmação, ela realmente é importante no cenário atual.

Como já vimos, o grande segredo para a independência financeira é conseguir criar valor para que o dinheiro flua para você mesmo quando não estiver trabalhando, ou seja, fazer os investimentos corretos para que seu dinheiro produza mais dinheiro automaticamente e, assim, você sempre aumente seu patrimônio.

Já expliquei sobre os sistemas de afiliação no Capítulo 10, e eles são um bom exemplo de como gerar renda passiva.

Os direitos autorias de uma obra por exemplo, passam a ser uma renda passiva, que existe após o trabalho principal e o esforço já terem sido realizados e que continua fluindo independentemente de você.

O mesmo acontece com a música e obras de propriedade intelectual. Aqui percebemos uma coisa muito importante que pode levá-lo à independência financeira — o seu trabalho intelectual é um diferencial do restante das pessoas.

Qualquer pessoa com o treinamento adequado pode executar certas tarefas. Mas criar, modificar e empreender depende da sua força intelectual e criativa, e isso o torna único e relevante para o mercado.

Enquanto trabalhava com o poker, comecei a perceber que a própria marca pessoal que criei, com a imagem de jogador e empresário, poderia gerar dinheiro de forma passiva. Vários negócios me permitem licenciar minha marca e receber *royalties* pela movimentação financeira gerada.

Com o tempo comecei a pensar em outros produtos que poderiam levar a minha marca ou das minhas empresas. Ou ainda que marcas eu poderia representar para o meio do poker. Bebidas energéticas? Uma marca de roupas? Relógios? Como jogador de poker aparecemos em programas de TV e alguns ídolos influenciam quem está começando.

Vendendo o grátis

Vale também pensar em modelos de negócios diferentes dos tradicionais. Você já ouviu falar no modelo *freemium* de negócios?

Vamos pegar o exemplo do mercado de jogos para computador e consoles. Há uma década atrás esse mercado era regido pelo seguinte modelo: uma empresa investia em desenvolver um jogo completo com um custo elevado e depois em estratégias de marketing e distribuição para vender aquele jogo por um preço final ao consumidor. Para fechar a conta, a empresa precisava vender um número mínimo de unidades ao consumidor final que cobrisse os custos e gerasse lucro.

Um encalhe do jogo poderia ser o desastre para o produto.

O passo seguinte de evolução foi criar o jogo completo, mas então dividi-lo em módulos. Assim, o produto era lançado para o público e, em seguida, vinham módulos com sequências do jogo com um novo preço. É claro, que na maioria dos casos, o jogo já poderia ter sido lançado de uma única vez. Mas lançar expansões permitia aumentar o faturamento com praticamente o mesmo produto, já que o trabalho-base de codificação do jogo já havia sido feito (lançar uma expansão costuma ser mais simples do que construir um jogo do zero).

Agora o modelo mais rentável apareceu no mercado há apenas alguns anos graças aos chamados jogos sociais. Nele, o criador do jogo lança uma versão completamente gratuita do jogo, procurando atingir um número muito maior de pessoas. Já que estas não precisam pagar para experimentar o jogo, começam a jogar e a reproduzir suas experiências, aumentando o alcance de público. Os desenvolvedores lançam, então, itens ou pacotes adicionais que podem melhorar a jogabilidade, trazer benefícios para o jogador ou complementar a experiência com mais níveis no jogo. Essas adições são cobradas. O modelo *freemium* consiste nisso, dar uma amostra de graça e cobrar por uma experiência mais completa. Outra coisa boa nesse modelo de negócios é que o seu produto já está pronto, depois ele continua a gerar a renda passiva por um longo tempo, no que foi chamado de "cauda longa", ou seja, ter vários produtos que vendem relativamente poucas unidades, mas que pela quantidade de produtos geram uma renda grande como a de um único produto bem-sucedido é um outro exemplo de cauda longa.

Curiosamente, esses dois termos — "cauda longa" e "freemium" — ficaram difundidos graças a livros do autor Chris Anderson, que é um dos editores da revista internacional Wired Magazine. O primeiro livro se chama A cauda longa — Do mercado de massa para o mercado de nicho, e o segundo, Free — Grátis: o futuro dos preços.

Ao mesmo tempo que estamos falando de como gerar renda passiva, toco no ponto dos modelos de negócios. Hoje, para atrair clientes, é necessário ir mais a fundo em entendê-los e assim poder criar novas maneiras de manter o fluxo de entradas para o seu negócio.

A habilidade de criar novos modelos que desafiam os modos tradicionais é atualmente como um dos pontos mais importantes para conseguir destacar sua empresa em meio à concorrência.

No meio dos jogos, utilizamos um neologismo: monetizar.

Monetizar é descobrir maneiras de colocar elementos no meio do jogo que criem o desejo pelo consumo e gerem compras por parte de um usuário de um produto essencialmente gratuito.

Mas até mesmo em modelos consagrados você precisa se reinventar para ganhar da concorrência. O site Aprendendo Poker é uma escola on-line que ensina através de videoaulas, artigos e aulas particulares a distância temas específicos do jogo. O que o difere das demais escolas de poker que existem pela web? O modelo de negócios estabelecido para essas escolas é o de assinaturas. O usuário paga um valor mensal para acessar toda a base de dados da escola. Isso gera uma obrigação por parte do site em prover conteúdo novo quase que diariamente, podendo levar a potenciais problemas como:

♦ O conteúdo novo não ter a mesma qualidade devido à pressão pela produção diária;

♦ Os novos temas não serem de interesse do assinante.

No *Aprendendo Poker*, o modelo de negócios que acabou sendo o diferencial da escola é o chamado *on demand*. O usuário compra apenas as aulas que quer assistir, escolhendo seu tema e fazendo o download de um cardápio menor e mais selecionado de videoaulas e artigos. O site após um tempo pode estar gerando renda passiva, sem a necessidade constante de atualização de conteúdo do outro modelo.

Mas, percebendo como cada negócio deveria se adaptar ao tempo e à oportunidade, o site Jogatina, que tem jogos de poker mas também de sinuca, truco, buraco e tranca, apostou no caminho inverso ao dos sites de poker tradicionais. Em vez de os usuários fazerem disputas com dinheiro real, ele assinam o site por um valor pequeno e podem participar de todos os jogos disponíveis. Com isso, o Jogatina também resolveu possíveis problemas jurídicos que poderiam surgir após sua criação. Ao usar o modelo de assinaturas de um clube de jogos gratuitos, o site deixou de ser enquadrado no modelo de jogos de apostas, e assim, conseguiu fazer publicidade em meios que vedavam o acesso a sites tradicionais de jogos como o poker.

Entender o seu negócio e criar um modelo diferenciado pode ser a chave para o sucesso ao ajudar a transpor barreiras dos modelos tradicionais.

Independência financeira

As formas de gerar renda de forma passiva podem, futuramente, dar a você sua independência financeira, ou seja, o momento em que você poderá se dar ao luxo de não mais trabalhar e contar com o dinheiro que flui diretamente para você.

Quando falamos de renda passiva, a maioria das pessoas pensa em investimentos como bolsa de valores, imóveis, fundos... Mas para gerar esse tipo de renda passiva, você precisa primeiro de capital para investir. Aí, naturalmente, essa renda passiva é criada, não por você, mas por decisões sábias e seguras de investimentos. Muito embora seja fundamental entender de investimentos para manter o seu capital protegido e com perspectivas de aumento, acredito que é ainda mais importante aprender a criar o valor através de sua mente e do que ela pode produzir como resultado de forma passiva, mesmo quando você está de férias ou dormindo.

Ao longo de todo o livro, falei sobre a importância de tentar controlar os rumos de sua vida, assumindo as rédeas e empreendendo; criando sua própria empresa ou embarcando em negócios paralelos além do emprego formal. Falei das características empreendedoras e de como ser bem-sucedido.

Em todo o processo, mostrei como o jogo de poker pode levar ao crescimento pessoal. Vou citar alguns pontos do poker que me transformaram numa pessoa mais preparada:

1. Disciplina: seguir roteiros, padrões e métodos. Aderir a um plano e segui-lo à risca. O poker me mostrou como obter resultados melhores tendo disciplina e me mantendo dentro dos planos traçados para um projeto.

2. Foco: sempre tive um lado de hiperatividade. Como dizem popularmente, gostava de assobiar e chupar cana a um só tempo. Quando comecei a jogar poker on-line, ao mesmo tempo que participava de um torneio, navegava pela internet, assistia à televisão, conversava ao telefone e, às vezes, ainda arriscava tarefas mais complexas. Com o tempo, aprendi a focar minha atenção no que era importante naquele momento e a abstrair tentações e distrações externas. Meus resultados no poker começaram a melhorar

porque passei a me concentrar em apenas uma tarefa. Isso me tornou mais eficiente.

3. Observação: quando aprendi que o poker não era um jogo de cartas, mas de pessoas — e que, para ser um vencedor, o mais importante era entender como o adversário estava pensando e se sentindo em determinado momento, para aproveitar fraquezas e ganhar mãos mesmo sem ter jogos fortes —, passei a observar mais meus oponentes. Me tornei um verdadeiro apaixonado pela natureza humana e por suas motivações. Observava gestos e maneirismos. Tentava entrar na cabeça das pessoas e entender como elas estavam pensando.

4. Traçar metas: sempre ter na cabeça seus objetivos, aonde você quer chegar e como fazer para alcançá-los. Ter um plano estratégico e saber olhar os cenários que se desenham, não só como parte integrante dele, mas também como observador, olhando de fora e pensando como cliente, como consumidor, como usuário.

A cada capítulo escrito neste livro, eu relia e tentava pensar como o leitor ia receber a informação. Ela foi útil? Ajudou a pensar e a refletir sobre o assunto? Não procurei colocar receitas de bolo, e sim fomentar o crescimento da massa.

Foi surpresa para mim perceber que as pessoas não pensavam do mesmo modo que eu. Temos a tendência a achar que aquilo em que acreditamos por ser lógico para nós é também para as pessoas a nossa volta. E levamos isso para todos os aspectos da vida, dos relacionamentos ao trabalho. Esperamos de nossos companheiros atitudes que nós mesmos teríamos. E ainda ficamos frustrados, surpresos e, às vezes, irritados quando o que nos parece óbvio não é realizado.

Meu grande crescimento pessoal foi perceber que o outro não necessariamente pensa igual a mim. E não estou falando de opiniões, mas de construção de raciocínio e de como uma ideia é processada. Nesse caso, não existe melhor ou pior, certo ou errado, apenas maneiras diferentes de pensar.

WINNING IT ALL

Como ser um vencedor?

♦ Estude outros vencedores, eduque-se continuamente para pertencer ao grupo de vencedores. Espelhe-se em quem deu bons exemplos e conseguiu construir. Perceba o que fez deles vencedores.

♦ Ande junto com vencedores. Deixe-se influenciar por atitudes positivas e que buscam o crescimento. Perceba como essas pessoas trazem para si as vitórias e como lidam com os percalços pelo caminho. Muito cuidado para não se deixar levar pelos exemplos errados e por pessoas que procrastinam o sucesso. Procure estar próximo de pessoas que fazem e não que ficam apenas sonhando em como seriam suas ideias.

♦ Pense que você é um vencedor — somente você pode se dar esse título. Não espere que alguém venha lhe premiar por sua vitória. Saiba quando você venceu e se dê essa honraria.

♦ Mostre humildade e não abuse do seu poder. Nunca, jamais se coloque acima dos outros. Estar acima não significa que você é melhor do que ninguém. Isso pode mudar de uma hora para outra. Portanto, saiba vencer com dignidade.

♦ Não tenha medo de admitir suas falhas. E aqui vou usar uma frase já utilizada, mas em outro contexto: fraco normalmente significa forte! Admitir as fraquezas pode ser um dos passos fundamentais para ser vencedor. A pessoa que encontra suas fraquezas e as admite já deu meio passo para conseguir modificá-las. A negação é uma das atitudes que mais podem atrapalhar o seu caminho até o sucesso almejado. Procure se autoavaliar constantemente e aceite *feedback* de pessoas vencedoras.

♦ Cuide da sua aparência — pareça um vencedor. Não me canso de dizer como é importante agir como um vencedor. Cuide de si e de como as pessoas o veem. Pare de reclamar da vida, de se fazer de coitado e de usar frases de efeito para atingir os outros. Foque em si mesmo e nas suas vitórias.

◆ Reconheça os vencedores ao seu lado e comemore as vitórias daqueles que são importantes para você. Não se esqueça de olhar para sua família e filhos e comemorar as pequenas vitórias. Uma nota boa no colégio, um novo desafio profissional de sua esposa e um novo marco na vida em família. Trabalhe as vitórias coletivas.

◆ Mantenha seus princípios em tempos de adversidade e dificuldade. Nunca se esqueça dos seus valores e de como eles o trouxeram até aqui. Não se deixe corromper pelo meio ou pelo momento. Acredite que são os fundamentos que o levarão para a frente quando a crise cessar.

◆ Pense no legado que você deixará com suas ações. Pense em como você está influenciando a vida de outros com o que você produz. Você é um vencedor ao influenciar e fazer com que os outros reflitam ou ao agregar valor para vidas alheias.

◆ Ame ser um vencedor. Você precisa ter em si mesmo a paixão por ser vitorioso, a gana pelas conquistas e se admirar. Deve ter a sua estima para cima, se sentir um vencedor a cada pequeno passo e objetivo alcançado. Ame ganhar, seja competitivo e perceba que o jogo da vida é para ser apreciado. Ame-se acima de tudo, até para poder amar ao próximo.

◆ Lembre-se de se premiar como um vencedor. Colha os frutos das suas vitórias. Um vencedor tem de saber saboreá-las. Aproveitar os momentos da vida e saber que não é só o trabalho que completa um ser humano. Lembre-se do mental, espiritual, físico e social. *Carpe Diem*!

Vencer na vida pode ter diferentes significados, e as minhas vitórias e sucessos relatados neste livro foram apenas alguns dos primeiros passos para conseguir ser um vencedor. Além disso, as minhas vitórias podem não ter a mesma representatividade e influência nas vidas de outras pessoas como têm na minha.

Aí está a grande singularidade dessa vida e mais um ponto onde o poker se encontra com os negócios. A vida é uma sucessão de sessões de poker sem fim. Cada dia é um novo jogo, e com ele tenho que me adaptar às novas regras e procurar colocar em prática meu arsenal de jogadas. Nunca irei parar de aprender. Além disso, espero produzir, cada vez mais, grandes blefes e também *royal straight flushes*.

A vida é como um jogo de cartas. A mão que é distribuída para você é determinismo. O modo como você joga é livre-arbítrio.

Você se torna um vencedor ao se colocar no papel de um. Você é aquilo que procura ser e fazer. Mergulhe de cabeça no jogo da vida e esteja preparado para vencer.

Lembre-se sempre, a vida é uma sucessão de jogos e de riscos. Aprenda a respeito dela e não tenha medo de encarar os seus adversários. Tenha respeito por eles, tenha conhecimento e objetivos.

E lanço aqui mais um desafio. Que tal ganhar um torneio de poker? Entre na competição e supere-se.

Que fique a mensagem principal: ganhar não é tudo, mas o esforço para ganhar é. No poker e nos negócios, o sucesso é o resultado do seu esforço, do planejamento e da execução.

Que vençam os melhores!

Leo Bello

Este livro foi composto na tipologia Minion Pro,
em corpo 11,5/15,5, impresso em papel off-white,
no Sistema Cameron da Divisão Gráfica
da Distribuidora Record.